歴史家としての徳川光圀

梶山孝夫

まえがき

義公徳川光圀を歴史上に位置付ける時、どのようなことを考慮すべきであろうか。いうまでもなく御三家水戸藩の第二代当主であり、『大日本史』の編纂をはじめ多くの書物を世に送ったことはあまりにも周知のことであろう。また、そのために各地より人材を招聘したことも同様であろう。私は徳川光圀を水戸学あるいは水戸史学の創始者としての歴史家という視点から捉えてみたいと思う。それはあまりにも当然のことかもしれないが、その際キーワードを設定して水戸学の把握を試みることとしたい。そのキーワードは史家・史書・始原・憧憬・教育の五つである。史家はいうまでもなく歴史家のことであるが、水戸学の人々は光圀をはじめ、すべてが史家といってもよい。光圀という歴史家を核とすれば、その周辺の史家は史臣という言葉で表現される人々である。その史家たちは内外における古来の史書に学びつつ、自らの手で新たな史書を生み出そうとした。その史書がすなわち『大日本史』であるが、この史書を生み出す過程や経緯及びそこから産出される知的遺産を水戸学と考えるのである。しかも、それは光圀一代に止まらず、盛衰はあるものの子々孫々に亘って継承されてゆくのである。

もとより史書を生み出すことは容易なことではなかった。史料蒐集の困難はいうまでもないが、史書全体の構成や叙述すべき事象の選択など思案を廻らさなければならない事項が数多く存在した。とりわけ国家の始原や国家のために生涯を捧げた先人をどのように捉えて叙述するか、というようなことである。また光圀や史臣たちが憧憬した先人への思いの表出も水戸学の重要な要素となるであろうし、史業を継承する人たちがどのようにして誕生したのかという命題は、教育の問題として捉えることができようし、しかもそれぞれが連関して史業に直結するのである。

それにしても平和な安定期に芽生えた水戸学が、激動の時代を導く灯火の役割を果たしたのは何故であろうか。恐らくそれは水戸学が我が国の国家原理を探究する哲学と現状を打破する時務策を提供したからであろう。史家は水戸学の主体であり、始原は国家原理の探究に欠くべからざるものであり、それなくして史書は存在しない。憧憬と教育はやがて現状を打破する改革のエネルギー、いわば行動実践を生み出す源泉となろう。

本書は五つのキーワードのうちのいくつかに、しかも僅かな言及を収めたのみであるけれども、水戸学の深奥にせまることができたとするならば望外の喜びである。

目次

I　歴史家としての徳川光圀

一　史書への関心——史記と和書——

徳川光圀が『史記』の「伯夷伝」を読んだことは「大日本史序」にみえて著明であるが、とりわけ『義公遺事』に「十八歳の御時より、学文御好み被レ成、史記を御覧被レ成、伯夷伝を御よみなされ、御自身の御事御考被成候」とあり、『玄桐筆記』に「御直談」として「然に十七八の御比自思召立て御学問被レ遊」と記した後に割注して「史記泰伯伝を御覧、御家督御事御了簡被レ遊。御行実にのせらる」とみえることは注目される。「泰伯伝」は「伯夷伝」の誤りであろうが、しかも自ら思い立って学問されたというのであるから極めて重要な記述といえる。また『桃源遺事』には「正保二年乙酉、西山公初て史記の伯夷伝を御よみ御感有て」とみえるが、「初て」、さらに『玄桐筆記』の「十七八の御比」、あるいは後年ではあるが藤田幽谷が『修史始末』を「義公十八歳」から書き始めていることにも留意しておこう。

いったい、その「伯夷伝」を収める『史記』はどのような刊本だったのであろうか。『史記』の書名のみに限定すれば『西山随筆』の儒学の項や元禄八年の遣迎院（けんこういん）応空宛の書簡にもみえているが、立志が十八歳であれば正保二年（一六四五）以前に流布していた刊本か写本によったはずと考えるのが筋であろう。「十七八の御比」ならなおさらである。一般的には『史記評林』かとも思われるが、そうとすれば寛永十三年（一六三六）に京都の八尾助左衛門が刊行した本（八尾板第一版）に蓋然性があろう。それとも慶長古活字本なのであろうか。流布という観点からみれば江戸時代を通じて『史記評林』が圧倒的に優位であり、『史記』といえば『史記評林』を意味したといわれるほどであったからである。『史記評林』の版本では八尾板（延宝二年〈一六七四〉版は万暦四年刊行本により目録とも二十五冊）の他に紅屋（べにや）板（寛文十三年〈一六七三〉）があり、さらに江戸期の継承とみられる鶴牧板（明治二年）がある。

光圀はおそらくは読み進める間に「伯夷伝」を眼にしたものと思われるが、後年多くの書籍の刊行を成し遂げているにもかかわらず、『史記』（あるいは『史記評林』）そのものの刊行を目指さなかったのは、すでに多くの刊本があり、「世に稀なる書」ではなかったからであろう。

参考までに述べれば『桃源遺事』巻の五には板行書名が列挙されているが、その中に『史記』は含まれていない。「日本史記」とみえるのは『大日本史』のことである。

それでは光圀が『史記』を読むにいたる契機はどのようなものであったのか。『桃源遺事』によれば十八歳の正保二年に初めて読んだわけであるが、『玄桐筆記』を勘案すればさらに一年の幅が出ることになるけれども、それが『史記評林』だとすれば寛永十三年の八尾板である可能性が高いと先に述べた。八尾板はこの年が初刻で再刻は延宝二年であるからである。紅屋板は寛文十三年が初刻であるからもはや考慮外としてよい。『史記評林』と仮定すれば、いったいだれが光圀に勧めたのであろうか。思い当たるのは京都出身の人見卜幽と辻端的という史臣であるが、彼らが光圀に勧めうる立場にあったかというと、可能性が全くないとはいえないがそれは極めて難しいことであろう。『桃蹊雑話』によると威公頼房は陪従の者に『史記』を読ましめたというから、父頼房が勧めた可能性は棄てがたい。それとも別の人物か、あるいは偶然なのか、興味深いことではあるが皆目わからないし、想像の域を出ない。また、『史記』がいわゆる東照宮の「お譲り本」に含まれているところからすれば、当然のこととしてこれによった可能性を考慮しなければなるまい。しかも、刊行本とすれば慶長古活字本であるとの推測も許されるであろうか（蛇足ながら『続日本紀』や『文徳実録』が「駿府遺本」によって校訂されていることを指摘しておく）。ただ、その場合でも光圀が読んだ『史記』はどのようなものであったのか、という疑問は残るのである。いずれにしても何らかの理由（偶然をも含む）で光圀の眼にとまったことは確かであり、遙か後年にいたるまでその印象の強烈さが残ったことも事実として認めてよいであろう。

ともかくも、「伯夷伝」に接したことが立志となり、学問（それは修史でもある）への目覚めとなって歴史家光圀の誕生の契機となったわけである。

○

歴史家としての光圀を考える時もっとも重要な業績は何であろうか。それは、誰しもが彰考館を開設して行った『大日本史』編纂を挙げるにちがいないが、それは最重要事であるから後にふれることとして、ここでは書籍探索の問題を取り上げてみることとしたい。それは、「本朝の史記」の編纂を意図した光圀がその基本史料としての書籍の蒐集に多大な努力を注いでいるからであり、歴史家としての基本でもあるからである。

まずは『桃源遺事』巻の五にみえる次の記事に注目してみよう。

> 江戸御茶の水といふ処に、大樹公聖堂を御建被レ遊候付、諸大名より書物奉納なされ候処に、皆唐国の書を御納候由。西山公には日本紀・続日本記・日本後記・文徳実録・三代実録・古事記・旧事紀、右七部の書を謬を正し、俗字等まで御吟味被レ成、惣して書写仰付られ、御奉納被レ成候

「大樹公」は将軍、「聖堂」は湯島聖堂学問所、すなわち昌平坂学問所のことであり、そこに書物を奉納されたのであるが、諸大名は漢籍を、光圀は和書を納めたというのである。その和書が七部、すなわち日本紀・続日本紀・日本後紀・文徳実録・三代実録・古事記・旧事紀であったわけである。日本後記が続日本後紀の誤りであることは他の写本や『水戸義公年譜』元禄四年の条にこれらの書名七部がみえていることによって明らかであるが、恐らくは筆写の際に誤ったものであろう。

また、『常山文集』巻十九にはこの奉納時に光圀が付した跋文（識語）が収められているが、その跋文は「旧事本紀」「古事記」「日本紀」「続日本紀」「続日本後紀」「文徳実録」「三代実録」に関するものであ

ることからも実証されよう。

　この七部については安積澹泊の言及がある。澹泊は「正脩に与ふる書」（『文苑遺談』の河合正脩の項に引用）に次のように述べている（便宜二段に区切る）。

> 旧事記の如きは、則ち諸老凋謝(ちょうしゃ)して、其の詳を知る者は唯僕一人存するのみ。往年、憲廟大成殿を興隆し、義公七部の記録を奉納す。自ら旧事本記に跋して曰く、旧本伝はらず、後人、其の旧名を託して牽彊付会する者多し。古来一人の意を注ぎ眼を沃する者なし。今、諸書を参考し、加ふるに臆度を以て各条の上に掲書し、後の読者をして決して馬子の旧本に非ざるを知らしめんと欲す。古事記に跋するに至ては、則ち倶に云ふ。印本は魯魚烏焉(ろぎょうえん)にして、錯乱脱略す。今、卜部家の蔵本を以て日本記等を参攷し、新たに之を繕写す。而して未だ嘗て之を棄損せず。二書蔵して昌平坂の書庫に在り。芸文志は之を斥て載せず。則ち是、義公の瓦礫秕稊(がれきひてい)を奉納するなり。甚だ事体に害有り。
>
> 僕、以為く(おもえらく)、宜しく芸文志に載せ、台兄の説の如くすべしと。因て昔時を念ふに、野道設・吉元常・佐宗淳・村伯行の諸子と、旧事記を参訂す。督責促迫、考索して余力を遺さず。串元善は淹貫密察、最も白眉と為す。評隲(ひょうしつ)既に竣る。義公、甚だ悦んで之に跋す。越数年、栗伯立を館僚と為す。其の才元善に下らず。旧事紀を熟読して諸子の説を然らずとし、議一篇を著して以て諸子に示す。可否相半す。其の説竟(つい)に行はれず。僕は伯立に左袒する者なり。故に謄写して以て筐底に蔵す。即今投進す。之を読めば則ち論弁を待たずして是非自ら判ぜん。

ここには澹泊の史学者としての力量が充分に表明されている。「僕」はいうまでもなく澹泊のことである。「諸老凋謝して、其の詳を知る者は唯僕一人存するのみ」は光圀に近侍した史臣の唯一の現存在が自分であるという自覚であり、光圀の教えを後輩に伝達するという意義をもつ重要な箇所といえる。「憲廟」は将軍綱吉のことであり、元禄四年（一六九一）の大成殿落成に際して光圀が「七部記録」を奉納したことにふれている。「七部記録」というのはすでにふれた七部の和書のことであり、これらを繕写して奉納したことをさす。ここには「旧事記」と「古事記」に付した光圀の跋文を引用しているが、当時この二書は書庫に蔵されていたわけである（今日では国立公文書館に所蔵されている）。澹泊の引用は要を得ているのではあるが、省略がみられるので参考までに光圀の旧事本紀跋（識語）の全文を掲げると次の通りである。

> 昌平坂大成殿文庫に奉納す。旧事本紀十巻。光圀詳に此の書を考ふるに、矛盾少なからず。杜撰居ること多し。況んや馬斯の卒後の事を記すにおいてをや。竊に謂へらく、蘇我の厄、応仁の乱に、国史の大半は亡びたり。此の時に当りて旧事本紀亦兵燹（へいせん）に罹る。旧本伝はらず。纔かに其の十の一二遺るのみ。而して後人、其の旧名を託して牽彊付会する者必せり。嗚呼哀しい哉。古来一人の意を注ぎ眼を沃する者なし。今、諸書を参考し、加ふるに臆度を以て、各条の上に掲書し、後に覧ずる者をして決して馬子の旧本に非ざるを知らしめんと欲す。然れども世に行ふこと既に久し。敢へて軽（かるがるし）く醤瓿（しょうほう）を覆さず。

さて、後半からは澹泊の意見となる。「芸文志」が「旧事本紀」を採用しないのは義公が「瓦礫秕梯」すなわち粗悪で実質のないものを奉納したことになり、甚だ実態に合わず害毒であるから「芸文志」に載せて正脩の説のごとくすべきだ、というのである。かつて自分は人見道設・吉弘元常・佐々宗淳・中村伯行と「旧事記」の校訂に務めたが、とりわけ大串元善はその白眉であり（「淹貫密察」の文字は碑銘にもみえる）、作業終了後、光圀が大変悦び跋文を作成されたことにふれる。潜鋒の才は元善に劣らず、熟読して諸子とは異なる説を唱えて「議一篇」（すなわち『弊帚集』収録の「旧事本紀議」）を著したが、議論半ばし、その説は採用されなかった。しかし、自分はその説に賛成であり、筆写して保存している。今取り出して、これを読めば自ずから是非は判明する、と結ぶのである。

なお、「旧事本紀議」への注目は『神道集成』巻第二に「其の灰燼の余り神道に補ふ有るものは僅に先代旧事本紀のみ」とみえることからも窺える。

○

さて、もう一度『桃源遺事』の記述に留意しよう。次の箇所である。

右七部の書を謬を正し、俗字等まで御吟味被㆑成、惣して書写仰付られ、御奉納被㆑成候

光圀は単に「七部の書」を奉納したのではなかった。厳密な校訂を加えて書写したものを奉納したのである。しかもその装訂は「結び綴」（大和綴ともいう）によっており、漢籍の装訂とは異なるものであったのである。そこには光圀の和書への篤い思いをみることができよう。そこで具体的に諸大名の奉納書を「聖堂品々献上目録」から窺ってみよう。

甲府綱豊　四書大全・五経大全・性理大全
尾張光友　二十一史
紀伊光貞　十三経註疏
水戸光圀　和朝史記
松平頼常　資治通鑑
松平頼純　四書集註・五経集註・文公家礼義節

頼常は光圀の子で高松藩主、頼純は伊予西条藩主である。他に前田綱紀、島津綱貴、黒田綱政、鍋島光茂、宗義貞、木下順庵など十八名が列挙されているが、和書の奉納は光圀のみである。

先に「旧事本紀」の跋文を紹介したが、もう一例に言及しておこう。それは「日本書紀」の跋文である。

昌平坂大成殿文庫に奉納す。日本書紀三十巻、卜部家蔵本を以て、新たに繕写する所なり。光圀此の書を熟読すること尚し。天武紀中に至り、疑ひ無き能はず。蓋し舎人父の為に隠すか。今、諸群書を参考し、粗評論を加へ、後世史を修むる者の一助と為すと云ふ。（傍線筆者。以下同じ）

この跋文で重要な箇所は傍線部であるが、要するに大友即位を認めようとする光圀の立場からすれば「天武紀」のみによってそれを導き出すことは難しいのである。そこで「蓋し舎人父の為に隠すか」と推測しているのであり、且つそれを諸書によって考え、しかも絶対的なものではないから「後世史を修むる者の一助と為す」とするのであろう。短い跋文ではあるけれども、そこに光圀の『本朝通鑑』を超えた歴史家としての判断が窺えるのであり、「本朝の史記」を編纂しようとする確乎たる意思が表明されているのである。

○

大成殿文庫に和書七部を奉納した光圀ではあったが、六国史の一書である『日本後紀』に関してはどのような思いを抱いていたのであろうか。まずは、『年山紀聞』巻の二にみえる次の記事に留意しよう。

西山公久しく日本後紀を探りたまふといへども、真の本を得たまはず。いにしころ京師より一本来りしを、彰考館にて吟味せられたるに、はやう偽書にてぞ侍し。

これによれば光圀は『日本後紀』を確かに探索したのだけれども、かつて得た一本は偽書だったのである。それは彰考館の史臣の考証によったものであるが、これは契沖も見た本らしいけれども博学を以てしても吟味は適わなかったようである。探索のことは人見伝の書簡に、

日本後記、東寺宝持坊付近の者所持致候に付、真偽相質草々注進可有レ之由真庵へ申候

とみえることからも知られるが、東寺宝持坊は幸雄上人、真庵は板垣宗憺のことである。年山がいうところはあるいは人見が報告するもののことであろうか。また、『年山紀聞』は次のようにも述べている。

真の日本後紀は、類聚国史と日本紀略に引れたるのみぞたしかなる。全本はいつの頃より絶はて

て侍るらん。むかし梓行の不自由なりし世に、公家にあるひは二三部などうつし持たまへるが、度々の火災に焼うせたるにぞ侍らん。類聚国史も今は全部つたはらず。

火災などで焼け失せたのではないかというのが年山の推測なのであるが、光圀の探索に関しては確かなことである。また『御意覚書』に「日本後記、越後殿にこれ無き由、自筆の返簡来る」とみえるところからも明らかである。

さらに、光圀自らが前田綱紀に宛てて、

類聚日本後紀御許借あるべきの由、辱く存じ候。この類聚日本後紀は尾張故大納言殿、正意に申し付けられ、類聚国史・日本紀略等の書を以て、集め申され候由、承り及び候。……

あるいは、

上方に後紀所持の御方これ有るの由御聞き及び、類聚と御見合わせなさるべく、抜き書き御才覚なされ候由にて、一冊遣わされ、一覧を遂げ申し候。少々不審成る所々御座候へ共、先ずか様成書は御写置御尤に存じ候。全書出来申候はば重ねて一覧申し度く候。

と述べているからである。前田綱紀は光圀の甥で好学の大名として知られるが、尾張故大納言は伯父でもある徳川義直、正意はその家臣の堀杏庵のことである。この書簡は延宝九年と推察されるが、晩年にいたるまで真の『日本後紀』を得ることはできなかった。その無念さは奉納本『続日本後紀』の跋文に、

惜しいかな、桓武以後四朝の実録の闕けたるや。文献足らず。聖人と雖もいかんともする莫し。

噫(ああ)。

とみえることからも窺えよう。

ちなみに、跋文の中で「噫」で締めくくっているのはこの一文だけであるが、私はこの「噫」に文献探索にかける光圀の切なる思いをみるのである。

なお、『日本後紀』は前田家（綱紀の時）には所蔵されていたようであるが、水戸家では入手することができなかった。何故提供しなかったのかはわからないが、綱紀自身が単に知らなかっただけなのであろうか。

やがて、寛政期から享和期にかけて『日本後紀』は塙保己一の校訂を施して和学講談所から刊行されたことと、宝永年間に水戸藩が鹿島文庫に和書を奉納したことをも関連として付記しておこう。

二　史料の蒐集——太平記——

徳川光圀が早くより国史を編纂しようとの意図を持っていたことは「梅里先生碑陰並びに銘」に「蚤(はや)くより史を編むに志有り」とみえており、よく知られた事実であるが、歴史を編纂するためには史料が必要なことはいうまでもない。いったい光圀はその史料をいかにして蒐集したのであろうか。すでに書籍探索の問題として若干の言及を試みたが、さらに一歩進めて考えてみよう。

今按、西山公日本史を撰ばせたまふにつきて、此世記をあまねく探りたまへども、今は総て世に

> 伝はらず。惜むべき事なり。他人一切不レ持の故也。すべて書を秘して、おのれのみ物しり顔するさもしき人情ゆゑに、はては其書たえて、世につたはらぬ事になりゆくものなり。

この記事は『年山紀聞』巻の六にみえるが、「日本史」編纂に際して「世記」すなわち『本朝世紀』を探索したけれども得ることができなかったというのである。先に巻の二から『日本後紀』に関する記事を引いたが、これらの記述からは光圀の埋もれた史料の探索の努力が窺えよう。まずは「梅里先生碑陰並びに銘」にみえる「蚤くより」というのは史料蒐集にも当てはまることであるから、これを確認するところから始めよう。

掲げる史料は冷泉為景の「報二源光圀詩歌一序」という一文である。この文章は『扶桑拾葉集』に収められているが、冒頭部分を引用しよう。

> ことし正保三かへりの春、かせみていにし雲井の雁やおとろかしけむ、卜幽子そのたらちねを、故郷にかへりみる事は、さるは此十年かをち、都をさりて吾妻の方にあそへりしか、終に水戸の源黄門につかへて、其いさをしなりけらし、たちかへる袂の錦も、いまそゆたかにたてるかひありとみゆ、さそなかそいろのうれしさも、つゝみあまれる心ちすへし、もとよりをのれをしれる事年久し、しかはあれとひたすらにうをしつみ雁たえし、このとし月のほと〳〵しさは、いかにとたにかこたるまほしくわひぬ折しも、ふと出きたり、まつみかはすまなこあをく、なにくれとむかしかたりのつゐてに、さてもわか中将の君なん、いにしへをこのめる御心さしふかくて、なにをひたりに何を右にすとかや、朝な夕なつとめてをこたらす、さるへきいとまあれは、やまと

歌の道はた心をやりて、我にひとしき人あらん事をおもへり、あはれそこをあひしれらはなと、たはふる、もいとおほけなし、されはからやまとあつめ給へる、巻のかす〳〵、むな木にみち牛もあせすはかりなるに、なをあきたらすおもほすあまりに、かゝる文なんさくり出よとの給ふを、いかゝし侍らん、いつこにもたる人やありと、せちにたつね物するも、彼秦皇の不死の薬もとめしめけんたくひにはかはりて、いとつき〳〵しくおほゆ、

傍線部がよく知られる箇所であるが、ここからは元来京都の人であり、水戸の黄門に仕えていた卜幽子すなわち人見卜幽が十年ぶりに故郷に帰った際に聞いた吾妻の近況であることが知られる。ここで重要なのは作年代がみえることであるが、正保三年（一六四六）というのは光圀の十九歳にあたり、立志の翌年であるから、古典への関心と立志との密接な関連を認めることができよう。

卜幽が語ったところによれば、光圀は古代への憧憬が深く歌の道に心を致し、「からやまと」の歌を収集し、汗牛充棟というありさまであった。しかも、それのみに止まらずさらに求めさせたというのである。それを聞き知った為景は自家に隠されていた史料を提供したのである。このことは光圀の古典への関心の明証であり、さらには光圀と為景の交遊の深さを示すことにもなる。為景は藤原惺窩の子でその祖は冷泉家であるが、その冷泉家を勅命によって復興した人である。かなりの年長であるが、学問詩文にすぐれ謙虚な人柄を光圀は慕った。生涯で面会できたのはたった一度のようであるが、「金蘭の友（易経による。友との交わりが非常にかたく、清らかなこと）」としての思いを抱いていた。

この「報二源光圀詩歌一序」は長い文章ではあるが、冒頭の箇所を一瞥しただけで両者の篤い交流

が窺えるとともに光圀の書籍蒐集に対する思いをみることができよう。以下、後年のことではあるけれども若干の実例をみてみよう。

○

書籍探索の顕著な実例として『太平記』の場合を検討してみよう。『太平記』がいわゆる南北朝時代の重要な史料として認識されていたことは『参考太平記』の編集によっても明らかである。『参考太平記』の編集が始められたのは延宝八、九年（一六八〇、八一）のころであり、それはこの時代の解明に『太平記』がなくてはならない史料として認識されたからであろう。『参考太平記』の編集は光圀の命により今井弘済によって始められたが、今井は元禄二年（一六八九）正月に三十八歳で歿する。今井亡き後は内藤貞顕が継承したようである（『参考太平記』第一の冒頭に魯斎今井弘済将興甫考訂、著軒内藤貞顕仲微甫重校とみえる。「凡例」の作成には内藤の他、佐々宗淳と吉弘元常が関与した）。

さて、『参考太平記』は九本の異本によって校合されているが、それらについては「参考太平記凡例」に解説されているので現代語訳で少しく紹介しておきたいと思う。冒頭の一条には次のように記されている。

『太平記』は誰が作ったのかわからない。近頃、『太平記大全』というものが世間に広まっているけれども、誰の作かわからない。この本の初めに『太平記』の作者を載せているが、その説は由緒があるのだろう。しかしその典拠を語ってはおらず、またこの本には杜撰なところや臆測が多く、確実とすることはできない。したがって、ここには詳細を述べることはしないが、その説に虎関師錬が序を作ったという。考えてみると、序文は卑しく下劣であり、とても師錬の作とはいえない。また世間には釈玄恵が序を作ったのだという伝えがあるが、これもまた確証がない。今川了俊の『難太平記』にはこうみえている。「法勝寺の慧珍上人が『太平記』三十余巻を足利直義に上呈した。直義は慧珍に太平記を読ませたところ、誤りや偽りが多かった。直義が言うには、自分が見聞したところすら、なお誤りがあるから他日改定しなければならない。このことは軽々に他にもらしてはいけないと。そうではあるが、遂に改作することはできなかった。後に増補する際に、偽りの名誉を求める者は請うて自らの名を載せているが、一方では大きな功績がある者でも抜けていることが多い。」と。このようにみてくると、大全がいうところの、後醍醐天皇が玄恵に撰ばせたというのもますます根拠がない。今、その詳細を考えてみると、『太平記』は本末の矛盾が少なくない。たとえば、平貞直・治時等、始め鎌倉に死すと書いているが、重ねて阿弥陀峰に誅殺されたと書くごときは是である。各所に探って異本九部を得た。印本を合わせて十部、これらを校訂し、また諸書を勘案して一書にまとめて閲覧できるようにした。『太平記評判』や大全等はともに論ずるに足りないので、これは参照しなかった。

続いて大要を述べると、まず本文は印本が世に流布して久しいのでこれにより、異本九部を参考として異なる箇所に分註したが、さらに誤字や訛伝があれば、これを削り、註を加え、改めたという。また印本にはまま当を得ない表現、例えば「後醍醐帝謀反」というようなものであるが、これは異本に適当なものがあればそれに従い、註して適するものが無ければ敢えて改めず、そのままとしてその作者の名義に暗きことを伝え、それが罪することになるとしたのである。土岐頼員が帝の謀反を言い、藤原宣房が帝の不義を言ったことなどは特に改めず、そこに時の勢いを見て、その奸訣を罪することとしたというのである。

凡例はまだまだ続く。『参考太平記』の性格を窺うためにはもう少し凡例をみておかなければならないであろう。凡例はいわば『太平記』の書誌学的研究の総論ともいえるからである。例えば、

> 印本にはまま脱文や衍文（余計な文章）があるが、それは異本によって補ったり、削ったりして、その時は下に脱文があったので補ったと註した。

とみえるごとくであるが、さらに凡例の一条を原文で掲げてみよう。

> 凡そ書中に古を援く者は、徒に文華を資りて謬妄多し。呉越軍及び干将莫耶の類の如きは、是れなり。或いは一時の臆度に出て其の事の是非を論ずる者は、皆作者の浮辞にして、事実に益無し。故に皆之を除く。而して或いは廷論群議、諫争賀祝の言は面旧規往典を引き、勧納匡救ふ者は、索合伝会の辞と雖も、皆当時の事実なり。敢へて軽く削去せず。藤公賢の龍馬の議、北野通夜物語の類の如きは、是れなり。然れども事或いは史籍に備はり、言或いは煩砕に渉る者は、間枢要を撮りて其の文を略す。皇朝の事迹に至りては、菅丞相藤秀郷の事の如きは、悉く之を存す。

「呉越軍及び干将莫耶」は『呉越春秋』にみえる故事で「干将莫耶」は刀剣及びその製作者（夫と妻）の名である。我が国では『今昔物語集』や『太平記』に記載されているが、『参考太平記』ではその

記述を省いたのである。巻第十三には「直義奉レ害二大塔宮一事」の条に「此段、除二干将莫耶事一」とみえている。「藤公賢龍馬の議」は巻第十三に、「北野通夜物語」は巻第三十五に記載があるが、「菅丞相藤秀郷」は菅原道真と藤原秀郷であろう。

この一条によっても、異本による校合を経て取捨選択が行われているのである。

続いて九部の校合本に関する言及をみてみよう。

まず、今出川家本と島津家本はそれぞれが家蔵するものであり、南都本は南都（奈良）にて得た旧本であるとするが、今川家本については詳細な記述がみられるので原文を掲げてみよう。

凡そ今川家本と称する者は、其の第一巻尾書に曰く、永正二乙丑五月二十一日、右筆丘可、老年五十四、此の本甲州胡馬県河内南部郷に於いて書写畢んぬ。当国主の伯父武田兵部大輔、受領伊豆守、実名は信懸、法名は道義、斎号は臥龍、好んで書籍を嗜む。癸亥の冬、駿州国主今川五郎源氏親に就き、借て頓に之を写す。而るに俗字脱字多し。乃ち予をして一筆之を写さしむ。年既に六十に及び、眼昏く手疼き、固辞千万す。然りと雖も、貴命の重きに依り、全部を書し訖んぬ。然るに焉馬の謬、猶巨多なり。後伊豆国主伊勢新九郎、薙髪して早雲菴宗瑞と号す。早雲菴平生太平記を嗜翫す。因りて亦之を借り、類本を集めて之を訂し、野州足利の学校に送る。学徒往々として重ねて亦之を糾明す。然る後、之を豆州に還す。早雲菴上洛の時、壬生官務に託す。点朱引読、実に我が朝の史記なり。臥龍菴亦予をして之を写さしむ。尊命の重きに依り、之を写し畢んぬ。此に拠れば則ち旧は今川家の所蔵為ること知るべし。因りて之を称ふ。

今川家本が足利学校に送られて研究されたことは注目すべきことである。それは足利学校の蔵書には漢籍が主であって国書が見当たらないからであり、この一条によって国書の研究も為されていたことが知られるからである。

次は毛利家本であるが、これは毛利輝元の所蔵で尾書に輝元が興聖寺の権僧正昭玄から授けられたものとみえるという。

北条家本は石尾七兵衛氏一の所蔵で、祖父の越後治一が小田原の役に韮山城を攻め、陥落の時に得たものという。後に北条家の書吏が見ていうには、北条氏康が常に読ましめた本そのもののことから氏康の所蔵であることが知られ、世に伝えられたとする。石尾七兵衛は水戸藩にも出入していた歌人清水宗川の聞書に「水戸様浜屋敷にて、十景之題に、三縁雁塔と云を、石尾七兵衛殿、夕附日うつろふ山は雲晴て光そひゆく塔のかけかな、塔は万葉にこうぬれる塔と有、紅にぬれる也」とみえるので、入手には宗川の仲介によったことが十分に推察されてよいであろう。

金勝院本は旧小西行長家士の所蔵で、後に加藤清正家士の佐佐木直勝がこれを得て東寺の金勝院に納めたのでこの名称がついた。この本には人名など疑うべきところが多く、また齟齬があったのでこれを弁じた。

西源院本は竜安寺中の西源院の所蔵であったのでこの名がついた。

天正本は京都で得たもので、以下は尾書である。

第一巻尾書に曰く、天正二十年暮春初九日、之を写し畢んぬ。因りて藤定家伊勢物語天福本例に準じ、天正本と称す。此の本同異を朱書する者亦多し。蓋し当時別本を以て之を校訂するなり。故に今其の朱書する者を呼んで天正異本と称す。凡そ異本の篇次、各異同有り。今印本の所出に随ひ、異説を并せ註す。而るに島津家、北条家、西源院、南都四本、第二十二巻皆闕く。然れども印本に之有り。其の載する所は則ち全く四本第二十三、二十四巻中に雑出す。按ずるに、彼の四本は特に旧体を存し、諸異本中に於いて最も粋然として故物なり。蓋し第二十二巻、散逸して已に久し。後人、後巻を抄出し、強て巻数を塡めんか。説いて本文第二十二巻義助吉野に参るの段に見る。

以上が九本の概略であるが、とりわけ西源院本と天正本は『太平記』研究史上重要なものである。最末尾の一条は剣巻にふれたものである。「今世に流布している印本には巻首に剣巻があるが、活字古本及び九部の異本には付されていない。かつて南都で剣巻の旧本を得たが、題して平家物語剣巻と云う。蓋し、剣巻は元来平家物語に付されていたのであり、近来になって誤って太平記に付されたにすぎないのであろう。だから、すでに平家物語に付されているので、ここには掲載しなかったのである」と述べられている。

なお、蛇足ながら『参考源平盛衰記』の冒頭には「剣巻」が付されている。

◯

次にこれらの異本はどのようにして蒐集されたのであろうか。またその価値はどのようなものなのであろうか。これを探求するのは容易なことではないが、若干の言及を試みてみよう。

『大日本史編纂記録』（往復書案）に収録の元禄元年（一六八八）十月二十九日付の大串元善宛佐佐宗淳書簡の一節から掲げてみよう。

此度東寺宝持房へ御用の事これ有り候て、書状遣わし候間、早々御届け下さるべく候。あの方より太平記一部参るべく候間、参り次第早き飛脚に御下しなさるべく候。此太平記は今井小四郎方へ仰せ付けられ候太平記参考の考に入り候故、其の段御耳に達し候て、宝持房へ申遣わし候。

宝持房は東寺境内の僧坊の名であるが、宗淳は水戸仕官前に妙心寺で修行していたから東寺と何らかの交流があったものと思われる。東寺から『太平記』を借りたのであるが、これが金勝院本であって、今井の「太平記参考」（『参考太平記』）の考証に用いられたわけである。しかも、そのことは「御耳に達し候」すなわち光圀の御耳に届いているというのであるから、探索の詳細はその都度報告されていたと思われる。

またこれより先、延宝九年（一六八一）二月十一日付の鵜飼錬斎宛今井順・中村顧言・人見伝等書簡に、

然れば其の元にて東寺本、菊亭様御本にて校合の太平記、御用にござ候間、早々御下しなさるべく候。若し其の元におゐて異本出申し候はば、別に太平記御求めなされ候。

とみえるところからすれば、すでに東寺本（すなわち金勝院本）と菊亭様御本（すなわち今出川家本、今出川家は三代綱條夫人の実家）によって校合が行われていたことが知られる。その後再度校合の必要が生じて借用したのであろうか。合わせて他に異本があれば買い求めさせようとしたものと思われる。

先に引いた元禄元年十月二十九日付の大串元善宛佐佐宗淳書簡には西源院本にふれた一条があるので、それも掲げてみよう(一部略)。

竜安寺西源院に異本の太平記これ有り候。是は先年板垣宗憺と拙者罷在候時分、仁和寺門前茶碗やき忍清肝煎にてかり候。其の礼には禅林諸祖伝を借り申度との事に候故、諸祖伝をかし候。是又此度小四郎方の考に入候。西源院主天寧長老に候。拙者もむかしは知人に候得とも久しく通じ申さず候故、申し遣わし難く候間、貴様妙心寺蛮首座の方へ御越候て、右の太平記殿様御用に候間、暫時かし申され候様に肝煎給候様に御頼成さるべく候。定て疎意有間敷候。尤も拙者方より蛮首座へ状遣候間、此状御持参候て、御頼成さるべく候。もし又蛮首田舎へ参られ候て留主に御座候はば、建仁寺に居候宜範を御よびよせ候て、右の段御相談成さるべく候。宜範才覚仕候はば相調可候。もし借り代などにて埒明候様のわけも候はば、其許にて御相談候て、かり代御出し御かり成さるべく候。

ここは西源院本を借用するための仲介依頼である。先年宗淳が板垣とともに忍清(いわゆる仁清焼)を手土産にしてかり出したことがあるが、その折『禅林諸祖伝』を借用したいというので応じたわけである(水戸藩で架蔵していたことは『参考太平記』に引用されていることからも窺える)。蛮首座というのは光圀に仕えた僧侶(東茨城郡の臨済宗清音寺住職を勤めたことがある)卍元師蛮(まんげんしばん)のことで、師蛮が留守の時は建仁寺の宜範に相談せよと念の入った指示である。「太平記殿様御用に候間」とみえるので光圀の直接の指示によったものであることが知られよう。

その他若干の経緯が知られるが、ともかくも金勝院本は元禄元年十二月頃から、また西源院本は同二年閏正月以降に史館（江戸）での校合作業が行われたはずである。そうとすれば、足かけ二年ほどのうちに『参考太平記』が完成したということになろう。

○

光圀の史料借覧に対する謝礼には手厚いものがあった。その一端を次の書簡（元禄二年五月二十二日付大串元善宛宗淳・吉弘元常書簡）から窺ってみよう。

西源院へは終に御通路これ無く候故、御書遣わされず候。蛮首座取次にて御座候故、蛮首座迄、宜しく相心得給うべく候様にと御頼御書遣わされ候。西源院へも晒布五疋并浅草のり一箱遣わされ候間、太平記共に御自分御持たせなされ蛮首座迄御持参成さるべく候。御口上の趣は西源院へ終に御執通し御座無く候故、御書遣わされず候間、太平記御かり成され御満足に思召候段、蛮首座宜しく御心得、御例御申給候様に、との御事に御座候。定て蛮首座御自分を西源院へ御同道にこれ有り候間、御同道候て、太平記の儀御満足に思召候段蛮首座迄御仰遣候趣を、あらあら仰せらるべく候。

仲介の労に対する光圀の蛮首座への感謝の気持ちは篤いものがあった。西源院にはこれまで伝手がなかったのを蛮首座の仲介によって成し遂げられたからである。謝礼が晒布五疋と浅草のり一箱であったことも知られるが、それを直接持参してお礼を申し上げ、また『太平記』の借用に満足していることをも伝えるようにとの主旨である。

水戸藩では光圀の命により五月から六月にかけて借用の『太平記』を返却し、同時に校訂作業を進めていたことと思われる。

三　史書の編纂――彰考館――

史書を編纂するために光圀は彰考館という編纂所を設けた。次にこの彰考館について言及しておこう。まずはその発端である。光圀夫人泰姫(たいひめ)の歌集である『香玉詠藻(こうぎょくえいそう)』の末尾に収められている「書楼の記」という文章の冒頭に次のような記載がある。

いにし、む月十あまりこゝのつの日おもはざるに、こゝのつまかしこのはしとみより、火いでもてゆひて風に飛びゆくほどに、つかのまにやけ野の原とぞなりにけり、おやは子の手をとらへ、子はおやの手にすがりて、さながらやけ野のきゝすとやいひつべし。たまたま空とぶ鳥のあみをもれ、水にすむ魚のつりをのがれたるたぐひもあるは、浅草といふ河にいり、あるはふみゝぬ山にゐたゆきなんとして、やうやうからき命のがれ出たり。

また光圀の『常山詠草』巻二に収める詞書の一つには、

明暦三年正月中の八日九日、火いできて風にふかれゆく程に、郭内にありとある上中下のいらかどもことごとくやけうせぬ。われも煙のうちをのかれたどり行まゝに、神田といふところの別野

に日を送る。同廿七日あした雪のいみじうふりてければ、

とみえている。これらはいうまでもなく明暦の大火に遭遇した光圀夫妻の、いわば体験記であるが、この年は正月早々火事に明け暮れ、とりわけ十八日・十九日と続いた大火は江戸城天守閣や小石川の水戸邸をも焼き尽くした。光圀は三十歳、泰姫は二十歳であったが、泰姫は翌年避難先の駒込別邸にて二十一歳の短い生涯を閉じる。

この大火によって林羅山の書庫が二年前に幕府から下賜された銅瓦ぶきの建物であったけれども焼失し、羅山は落胆のうちわずか数日後に歿した。ただ、読耕斎の書庫は無事であり、幕府は焼失の書籍の購入費五百両を支出したという。

それでは、この大火は光圀にいかなる影響を与えたのであろうか。『桃源遺事』巻一上には「明暦三年丁酉二月廿七日より西山公日本の史を御撰初なされ候」という記載を見出すことができるが、これがあの十八歳の発憤の具体的実行である。大火は光圀の決意を促したというべきであろう。

やがて、光圀の決意は史書編纂所の設立へと進展する。すなわち寛文十二年（一六七二）の彰考館開設である。その事情を史臣田中犀が執筆した「彰考館を開くの記」という一文によって窺ってみよう（適宜改行）。

夫れ史は治乱を記し善悪を陳べ、用て勧懲の典に備ふる所以の者なり。故に異朝に在りては、則ち班馬以来、作者世に乏しからず。世々縄々として歴史成堆す。本邦は上古より中葉に及ぶまで、猶正史実録有り。而るに昌泰（しょうたい）以後、寥々（りょうりょう）として聞く無し。以て憾（うら）むべし。我が相公嘗て之を嘆じ

たまひ、館を別荘に構へ、諸儒臣に命じ、広く載積を稽へ、上は神武より下は近世にいたるまで、紀を作り伝を立て、班馬の遺風に倣ひ、以て倭史を撰すること茲に年あり。其の治乱を記し善悪を陳（の）べ、以て勧懲の典に備へんと欲するの志以て見るべし。是の歳弥（いよいよ）其の志を遂げ、其の功を成さんと欲し、史館を本邸に移し、自ら館名を択んで彰考と曰ひ、且つ自ら之を筆して掲げて扁額と為したまふ。伝・常・矩・帆・仙・效・順・隆・犀及び筆生十許輩をして、間日館に入り、以て其の事を勤め、加ふるに警辞を以て諍論を止め、囂談（ごうだん）を禁じ、書策を敬し、怠惰を起さしむ。又館を守る者有り。館事を監する者有り。使令に供する者有り。厮養（しよう）に役する者有り。書庫を前にして以て出納に便し、湯室を後にして以て沐浴を設け、行厨を運らして以て飲食を賜ふ。一月に六日別に講筵を設け、群臣をして貴賤となく来聴せしむ。厳にして恵あり。養ひて且つ教ふと謂ふべし。相公の如きは則ち君師の道其れ庶幾（ちか）からんか。

嗚呼、史を修むる者勤めて懈（おこた）りなければ則ち以て編を終ふべく、講を聴く者信じて倦まざれば則ち以て徳に入るべし。然らば則ち勧懲の典世に伝はりて相公の名声無窮に及び、聖賢の道一家に溢れて群臣の風俗以て化すべきも亦可ならずや。是に於て相公、伝等に命じ、吉日を涓（えら）びて新館を開き、盛饌を賜へり。

曰く、日已に吉なり。館も亦新なり。汝等各飲燕歓を尽くし、以て操觚（そうこ）の初有るを賀し、以て絶筆の終有るを祝へと。僉（みな）拝謝舞踏して曰く、詩に曰く、既に酔ふに酒を以てし、既に飽くに徳を以てす。其れ吾が儕の謂ひかと。書に曰く、山為るや九仞、功を一簣（いっき）に虧（か）くと。今より後、弥精力を謁し、其の功を虧くなければ、則ち今日開館の雅会は、他年竟宴の清遊たるは必せりと。

時に寛文壬子仲夏初三日、備員史臣田犀再拝稽首敬んで記す。

まずは語釈をしよう。人名についてであるが、伝は人見又左衛門（卜幽の甥）、常は吉弘元常、矩は板垣宗憺、帆は中村顧言、仙は岡部以直、效は松田如閑、順は小宅生順、隆は辻好庵（了的の甥）、そして犀（田犀）は田中止丘のことであり、初期の史臣といってよい。「相公」はいうまでもなく義公光圀のことで、「班馬」は班固と司馬遷、転じてその著『漢書』と『史記』、「囂談」はやかましい会話、「厮養に役する者」は賄いをするしもべ、「操觚」は文章をつくる、「九仞の効を一簣に虧く」は高い山を築いてもう少しで完成するところで失敗する、の意である。なお、「昌泰」（八九八〜九〇一）は平安時代の年号、「詩に曰く」は『詩経』の大雅、「書に曰く」は『書経』の旅獒にみえる一節である。

史書編纂の基本方針を始めとして、史館の運営、史臣の待遇、月六回の講筵（講義、すなわち研究研修）など大要を示している。後半には田犀の思いを述べ、そして光圀の史臣への期待とそれに応えようとする史臣の決意を見事に綴っている。

文中の「警辞」は「史館警」のことで、いわゆる史館の規則であるが、『年山紀聞』や『桃源遺事』によれば次のような内容である。

一、館に集まる時刻は辰の半ば（午前九時）、退出は未の刻（午後二時）とする。

一、書籍は丁寧に扱い破損や紛失しないこと。

一、やかましく談じたり論争を戒めること。

一、文章を論じ事を考えるには論を尽くすべきであるが、もし他の反駁を受けた場合は虚心に検討し、私見を固執しないこと。

一、席にある時は怠けたり勝手なことをしないこと。

また『年山紀聞』に収める「彰考館」という一文には、

明暦年中武州小石川の邸中、高き地に建給ひて、彰考館三字の額は、則ち西山公の御筆なり。この文字は左伝序に彰往考来といふよりとり給ふとぞ。

史館警（注、五条あり）

この館にして、神武天皇より後小松帝までの本紀、ならびに公武諸臣の列伝を、史漢の体に撰ばせたまふ。其中に神功皇后を后妃伝に、大友皇子を帝紀に載せ、三種神器の吉野よりかへりたるまでを南朝を正統とし玉ふなん、西山公の御決断なりけらし。館の諸儒たちさまざま議論ありて、御顔（かん）ばせを犯したる輩（やから）も有しかども、これ計（ばかり）は某に許してよ、当時後世われを罪する事をしるといへども、大義のかかるところいかんともしがたしとて、他の議論を用ひたまはず。此館の蔵書には、瓢の形の中に彰考館といふ字をえりたる印を押たり。

とみえている。彰考館は小石川邸内に設けられたのであるが、その額に認められた彰考館の三文字は光圀自ら筆をとったというのである。館名は「左伝序」、すなわち『春秋左氏伝』の序によったわけである。明暦の大火を契機に史書編纂を決意してから十五年、時に光圀は四十五歳であった。「史漢の体」は紀伝体の意である。

○

「彰考館を開くの記」と「彰考館」という一文には史書編纂の重要事項が述べられているが、それは後述することとしてもう少し史館の情況にふれておこう。

寛文十二年の開館から十一年を経た天和三年（一六八三）の往復書案（史館員から光圀の側近である藤井紋太夫宛）に、次のような文面をみることができる。

先年より出来候紀伝只今細々吟味仕り候得者、重複脱落等相見へ、取捨宜しからず御座候。其の上、只今迄は編集の儀并に史館の雑事等迄何も寄り合い相談致し候故、各々辞譲仕り、一決成り難くはか取り申さず儀も之有り、編集の隙費へ申し候。之に依て何も相談仕り候は誰にても壱人紀伝の始終をとくと合点致し、何も相談の上を委細吟味仕り、其の壱人より面々へ申し聞き、手廻しはか取り申し候様に専ら致し、総裁史館の諸事引き請け、御前又は御自分様迄相伺い申す儀も埒明け申し候様に仕り度く存じ奉り候間、史館の内にて総裁仕り候者、壱人仰せ付けられ下されれ候様に何も願い奉り候

かいつまんで内容をとれば、これまでの草稿には重複脱落があって不統一なのはまとめ役がいなかったからであるとし、そこで総裁を一名おいてほしいというのである。これを契機として、光圀はこれまでの草稿（旧紀伝という）を破棄して新たに稿を起こさせることになるが、このことを「易稿重修」と呼ぶ。その要点は、

①時代と範囲を明確にする。神武天皇に始まり、後小松天皇で終わる。
②文章の中に出典(典拠)を割注として明記する。
③史料が不足しているので、蒐集を徹底して行う。

であり、この年人見伝が最初の総裁に任命され(光圀はじめ館員の投票によって選ばれたという)、またこの頃いわゆる三大特筆が決定された。三大特筆というのは『大日本史』の最も重要な方針であって、神功皇后を后妃伝に収めたこと、大友皇子の即位を認めたこと、南朝を正統としたことを指すのであるが、年山の「彰考館」にもみえているようにこの決断は「大義のかかるところいかんともしがたし」として光圀自らの責任として決定されたものであり、その根拠は「三種神器の吉野よりかへりたるまで」と明確に述べているように三種の神器の所在であったのである。

そうして翌年、すなわち貞享元年(一六八四)に邸内に新たに史館が造営されて、編纂は新方針に基づいて本格化することになるのである。

○

元禄三年(一六九〇)、光圀は綱條(つなえだ)に藩主を譲り西山に隠居するが、翌年綱條は編纂の促進を図るために新たな配慮を施した。

史館出勤の儀、已来は一か月に六か日の休暇を立て、其の余は日々相勤むべき由、今日仰せ渡され、則ち両史館番割相極め、一六二七の休暇に相定め、出番の人半分づつ休み申す筈なり。紀伝編述御急ぎに付、右の通り仰せ出され候。

これは隠居した光圀のために綱條が編纂の促進を図って、史館の休日を従来の十日から六日と定めたことを記録したものであるが、光圀はその配慮を親心を体するものとして深く感謝しつつも、これまで通りとして少々遅延したとしても後世の嘲りを受けないようにしてほしいとして、遅延の幸、不幸は天命に任せると返答している。

綱條は光圀の意向を受けて、これまで通りの休日として史館を運営することとするのである。それは病気にでもなれば、却って編集の差し障りになるから十分に休息を取るようにとの申し渡しであり、さらに貼り紙をして遵守を期したのであった。

元禄十一年正月には史館員の半数を水戸に移し、西山の光圀からの指示が届きやすいようにした。ここに彰考館は江戸と水戸に置かれることになり、それぞれ江館・水館と称された。そうして、この年には後小松天皇までの本紀が完成するのである。

さて水戸史館は城内に開設されたが、その時史臣たちは、

○勤務は午後二時までであるから勤務時間は少ないので怠慢なく勤めること
○城内であるから大声で話をしないこと
○出勤したら他人のことを気にかけずに仕事をすること

などの申し合わせをして編修に当たるのである。

また、休日は正月元日から十日迄、三月上巳、四月十七日御祭礼、五月端午、七月七日、八月朔日、

九月九日、十二月二十六日より晦日迄、毎月一、四、七、十、十三、十六、十九、二十二、二十五、二十八日であった。他にも史館料理や酒、あるいは菓子が振る舞われたり、湯殿にての行水などの待遇があった。もとより時代によって変化はあったが、史臣の労をねぎらうという一貫した方針は維持されたようである。ここにも史書編纂にかける光圀の篤い思いをみることができるが、編纂上の具体的指示の一端は『御意覚書』に表明されている。若干ではあるが、その中から数条を紹介してみよう。

『御意覚書』はその名の通り「御意」すなわち光圀の考えとその指示を書き付けた覚え書きである。侍医である井上玄桐の筆録ともいわれているが、恐らくは玄桐のみでなく側近の者たちがその都度筆録し、まとめたものであろうと思われる。旧記録を基として書名の記載を主とした前半と本紀・列伝の編修に関する指示の記載を主とする後半とに二分されるが、後半にみえる本紀や列伝の編修に関する直接の指示をみてみよう。

　後小松迄にて絶筆と兼ねて仰せ出され候得共、思し召し御座候間、後小松以後の事にても紀伝に入れ申すべく所をば、右の通り表題朱点仕るべく候事

記述の下限が後小松天皇までであることは兼ねての通りであるが、それ以後のことでも紀伝に採用すべきことには朱点を施しておくようにとの指示である。「右の通り」とは前条に佐々宗淳が朱で標出すべきことを提案してきたが、それはもっともなことであると賛成し、また紀伝に引用すべきところには朱で句読し、圏点を附すようにとの指示をふまえてのことである。

なお、「後小松迄にて絶筆」というのは「彰考館を開くの記」に「上は神武より下は近世にいたる

まで」とみえることと対応するものであろう。

> 神代は怪異の事斗に候間、神武の口へも載せ難き候間、別に天神本紀・地神本紀を立て、七代五代の事を書すべし。

ここには神代史を重要視している光圀の考えがみてとれるが、遺憾ながら「天神本紀・地神本紀」が作られることはなかった。七代は天神、五代は地神のことである。

> 凡そ紀伝の出処に付、縦ば日本紀・古事記・旧事紀等の本拠に成候書は記すに及ばず。其の外の雑書等より考え出たる故事は、悉く其の出処を記すべし。

これは叙述上の約束事であり、いわゆる『修史義例』の条文というべきであるが、『修大日本史例』にも同様の記述がみえている。すなわち「凡そ紀伝の文、正史に根拠し、務めて其の旧に遵ひ、妄りに改削せず。本紀は神武より持統に至る、全て日本紀に拠る。故に下に唯本書と称し、書名を注せず。」とある。

> 皇后を伝に立つべし。本紀とすべからず。其の余の女御等皆皇后伝の末に附すべし。

神功皇后を后妃伝とすることはこれで明らかであるが、先に引いた「彰考館」の一文にみえるところも恐らくは常々語ったことであろうと容易に推察される。また伝末には女御・典侍・更衣等も確認できる。

> 皇子皇女尽く伝を立つべし。例は新唐書の皇子皇女伝のごとくにすべし。皇子はたとひ僧にても、伝を立つべし。其の有事無事を論ずべからず。

帝皇系図にのせざる皇子の僧となるもの、高峯日・無文選・純一休の類、或いは吉野吉水の尊寿丸、石清水の善法寺等、各其の伝を考へて皇子伝に載すべし。

名のみの皇子皇女、また僧もみられるから、この指示は守られている。無文選（無文元選）と純一休（一休宗純）については、後醍醐天皇・後小松天皇の皇子伝にそれぞれみえている。また己卯（元禄十二年）の条に「後小松皇子伝に、一休書き載せ申すべく候事」とみえているが、貞享二年の「往復書案」に「一休和尚後小松帝の皇子に御座候事慥成証文御座候哉」とみえるので議論の末の決断かとも思われる。なお、高峯日（高峯顕日）は後嵯峨天皇の皇子であるが記載はない。

上東門院伝に瞿麦の歌を載すべき事

上東門院は一条天皇の中宮藤原彰子であるが、瞿麦の歌は「見るままに露ぞこぼるるおくれにし心も知らぬ瞿麦の花」を指すであろう。この歌は『後拾遺和歌集』をはじめ『栄花物語』や『今昔物語集』などにもみえる。列伝には採用されていないが、この指示をみると、光圀は歌も伝記構成の史料として考えるところがあったのであろう。

皇后の諱を題に出すべからず。謚か若謚なくば姓を標すべし。各其の帝王の号を上に冠らしむべし。たとへば玄宗楊貴妃のごとし。

これは必ずしも守られていない。例えば、後醍醐天皇の后妃伝では藤原中宮、中宮、藤原廉子、女御藤原栄子、典侍藤原親子、藤原氏、坊門局、某氏などとみえるからである。

楠正儀参議に任じたること、観心寺の文書に在り、伝に入るべき事なる。

列伝の正儀伝には参議の件は記され、かつ観心寺文書も注記されているから指示通りということに

紀伝対校の程過ぎ候はば、事蹟失念も有るべく候間、此度吟味の内に年表を草稿仕るべく候旨、御意に候。

校正が進めば失念もあるだろうから、吟味年表を作成して仕事をせよということであるが、光圀の念の入った指示が窺えるのである。

以上によって、光圀の直接的な指示は『太平記』諸本の蒐集はもとより紀伝の具体的な記述にも及んでいる実相が窺えるのであるが、そこには歴史家としての見識が十分に表明されているといえよう。

Ⅱ　徳川光圀の史臣

一　森尚謙

史臣というのは修史に携わる徳川光圀の家臣のことである。彰考館の開館以前から存在するが、寛文十二年（一六七二）の開館時には多くの史臣が光圀に仕えていた。例えば、田中犀が作った「彰考館を開くの記」という一文に伝・常・矩・帆・仙・效・順・隆・犀、すなわち人見又左衛門伝、吉弘左介元常、板垣宗憺矩、中村信八顧言（号は春帆）、岡部忠平以直（初名は道仙）、松田效、小宅生順、辻好庵隆、田中理介犀の名がみえることはすでにふれたが、この九名は初期の史臣ということができよう。世に知られる介さんや覚さん、すなわち佐々宗淳と安積澹泊であるが、彼らはこの時点ではまだ仕官していない。他にも多くの史臣がいるが、ここではあまり注目されていない人物を中心に紹介してみたい。

その一人が森尚謙である。尚謙は佐々宗淳の推輓によって光圀に仕えたのであるから後期の史臣といえよう。光圀に仕えたのは貞享元年（一六八四）、既に齢は三十二、壮年といってよいが、経書や兵法を学び、父業でもあった医学を修め、一方では老荘を愛し、仏書に親しみ、十分な学識を備えていた。それまでの生活が貧窮を極めていたことは安積澹泊の「儼塾森君墓誌銘」や自らの「自序伝」によって明らかであるが、もう少し尚謙の生涯をたどってみることとしよう。澹泊の墓碑銘の一節には次のようにみえている。

> 君、孝謹淳篤、慷慨にして気節を尚ぶ。博く群籍に渉り、易を治め、大義に通ず。兼ねて仏教を習ひ、医学を精研し、文章を砥礪（しれい）し、論述する所多し。旁、武技を攻め、兵書を講肄し、撃剣を善くす。識者は之を可とす。蓋し、世の所謂直指流者なり。好んで古今を議論し、成敗を商較し、後進を誘掖す。亹々（びび）として倦まず。義のまさに為すべき所、毅然として回避する所無し。眉を攢（あつ）め世を憂ひ、人以て迂と為す。而して造詣の深き、未だ窺測易からず。余と交はること最も熟し、毎に相箴規するも今は亡し。夫れ世の囂々たる者、毀誉は愛憎に出で、臧否は権衡を失ふ。果たして孰れか得て孰れか失はんや。君の若きは今多く得べからず。豈に人の能くし難き所を兼ぬる者に非ざらんや。

語釈を試みておこう。「砥礪」は磨く、「講肄」は講習、「誘掖」は先にたって助ける、「箴規」は戒めただす、「臧否」はものごとの是非や人物の判断をする、「権衡」はつりあいの意である。澹泊とは館僚の間柄であり、『護法資治論』という尚謙の著述をめぐって論争があったが（後述）、その剛毅なる性格を如実に窺うことができる。

また、「自序伝」にみえる、

尚謙平居して塾に在り。経を講じ、史を談じ自ら楽しむ。草稿を捃摭（くんせき）し、十巻を得。儼塾集と名づく。嗚呼、我性質は魯鈍にして、記臆は少なく、敏捷する能はず。屢思ひて後に得る有り。嗜慾浅くして繁華を厭ふ。恒心は治世安民の間に在り。好んで諫言を聞き、求めて益友と会ひ、動もすれば時宜を論ず。蓋し是、我が癖なり。

という記述には尚謙の人となりが表明されている。墓碑銘と自序伝を合わせみるとき、史臣の中でも特異なる学識とその博広、そして世に媚びることなく篤き志操を抱いていた人物であったことが知られよう。

◯

まずは、尚謙の学識を示す著述として『護法資治論』からみてみよう。この著述は書名からも窺えるように仏法を政治に役立てる論ということなのであるが、光圀薨去後に成立し、尚謙没後門人によって刊行された。十巻（前編五巻は本論というべきもの、後編五巻は補遺二巻と附録三巻）からなる書物であるが、大部であるからその要旨を「澹泊斎安積君に答ふるの書」（巻五の巻末に収録、光圀薨去後のもの）から探ってみることとしよう。この書は澹泊の批判に答えたものであるが、澹泊の批判の内容も一部窺うことができるから、現代語に意訳して掲げることとする。

まことに有難い教えを頂いている。戒めは丁寧であり、心に刻んでいる。大兄（澹泊）は旧交を捨てずに多くの議論を示しているが、その厚意には感謝しても過ぎることはない。僕が最近著した無偏党論を電覧して頂き、この著述が大兄の意に添わないことを知った。その細評には一喜一憂している。

教えの中に、朱文恭（舜水）先生は平生仏教を批難することはなかった。ただ儒教を明らかにできなければ仏教を難じてはいけない。儒教が明らかであれば仏教を必ずしも難ずる必要はない、とみえる。ああ、先生の温厚篤実な言葉には程伊川の老子・釈迦を排斥しない意思がある。また欧陽脩の『本論』の意趣が含まれている。世間の究理をいう者はこのようにはいかず、儒教も究めてはいないのである。そうして仏者を排斥することを急務として、また崔浩（北魏の宰相）や傅奕（初唐の天文暦法学者）の志を継ぎ、僧侶に髪を蓄えて民となし、境内に墾田を営ませようとする。今、先生の言葉を聞くと、切迫せず、大過なく、感嘆この上ない。これは喜びである。

教えに、僕の所論には聖人の言を剽窃し、附会して釈迦と混同しているとする。考えてみれば、これは大兄が僕の本意を理解していないからである。柳子厚（宗元）が言っている。韓退之は私が仏者の言に親しむことを病んでいる。仏者には誠に排斥すべきでないところがある。それは『易』『論語』と合致するところがあって孔子と道を異にしない。聖人が再び現われたとしても排斥することはないと。僕の議論はこれに基づくのである。儒教と仏教の足跡には異なるとしても、その淵源を尋ねれば一理通ずるところがあることは子厚の言をまつまでもない。その言う一理とは何か。それは本源に復ることである。その異なるところは何か。それは在家と出家の違いである。

これは大雑把なことにすぎない。仏法を聴く者は非常に多い。出家はただ仏の道理を悟った僧というにすぎない。その他はみな家を捨てていないのである。仏法を広めるのはどうして比丘のみといえようか。深く仏の大慈悲を究めることは広く人々を救い、その他一切のことに及ぶのである。すなわち、其れは治世安民の教えに関連し、密かに聖人の言と同じことを欲しているのである。楽しみがその中にあるということを考えてみるに、従容として自ら得るということは自然の心で仏の教えに入ることである。これはともに自然と符号することであり、どうして牽強付会ということができようか。宋の儒者の見識は高いが、ややもすればこれが仏教に関心を持つ理由かもしれない。今、これを考えてみたい。横渠（張載）が言うには、聚まるのもわが体であり、散るのもわが体であるが、生死を知るのも、ともに人の性というべきであろうと。朱子が評して言うには、これは流転して箇の輪廻に及ぶものだと。横渠は輪廻を説かなかった。しかも、自然と箇の輪廻となり一理は符号するのである。だから、このように言うのである。自然と輪廻に入る例は挙げればきりがない。今、僕独りが儒教と仏教を混淆しているというのは冤罪にすぎないのである。

また教えに、山谷（黄庭堅）が韓子（韓退之）を批難する言葉を挙げて、その説は巧妙ではあるが、民生や日常の規範に何の役立つところがあるのかと言っている、とある。山谷の言を考えてみると、これは『華厳経』や『合論』の説くところで世間の思議、仏の不可思議を破ることはできないということなのである。規範（人としての道理）についてはわが儒教完全に備わっており余すところはない。もし他に規範の法があるとすれば、これは本当の異端であるから、四方に排除すべきである。しかし仏はそうではない。その言うところは、諸悪を行うなかれ、多くの善を行え、自分の心を浄めよ、これすなわち仏の教えで、自浄は一つの法なのである。自浄する者はその至るところは必ず善であり、実行して出来ないということはないのである。だれがあえて悪く言って排除できようか。浄意とは清浄心を言うのである。釈迦が空生に言うには、色・声・香・味・触・法によって清浄心は生じないし、そういうものに囚われることがなければ清浄心が生ずるということであると。仏教にいう清浄心意、わが儒教にいう正心誠意は言葉が異なるが、清浄にして汚染がなければ正や誠がその中にあって二致はないのである。また仏の知見によって清浄心を得させるのは釈迦の本懐なのである。大兄はこのような哲理に詳しくないから、これを大変拒み誹るのである。だから、反論せざるをえないのである。

また教えに、講義している庵（黌塾）は道場と化している。それでは義公による教育の美事は断絶してしまうではないか、とある。僕の長年の教授はいまだ経書の半ばにも達していない。それでなんの暇があって仏書を説くことができようか。義公の公正なる思量は不偏不倚であり、そこには大人（たいじん）の物事を見る目の大凡が存るというべきである。古人が仏教に関連する事例を考えてみると、儒教においては支障がない。儒教や仏教を学んでも偏ることなく党派を作らないから支障がなく、害することもない。僕の家塾では未だ嘗て仏教や老子を交えることがない。たまたま政治家に関して論ずる際でも聖賢の書物によって議論し、他には及ぶことがない。これは自然にそうなるのである。僕は釈迦や老子の教えに少し意見がある。彼らもまた一法であり、理のあり方を示している。そうであるのに世間の儒者は肉食を嗜み、生き物を殺して情欲を満たしている。そして、人道とはこのようなものだと言っている。高く徳のある議論に及ぶと、これは僧侶の異端の考えだと言うのである。何故に自分の卑しいところを取って、高いところを僧侶に任せることがあろうか。慨歎せざるをえないのである。

また教えに、請おうとするのは標榜するところを捨てて、業を改め職を辞して隠居し、自由気ままにせよ、という。これは僕の志ではない。大兄が言うところは僕の本意を悟っていないからである。古の人には、職業を辞めずに仏教の本意に到達する者が多い。必ず職業を辞して修行せよというのは大乗の教えではない。僕は僅かではあるが、この理を知っているから辞職しないのである。大兄はこれを怪しまないでほしい。また、それは仏教の哲理を理解しないことであり、みだりに誹謗することである。これはいまだ物の本質を知るに至っていないからである。また、その法を偏って理解するとかえって害となることがある。これは愚かな惑いとなる。古の仏者は質実であり、今の仏者は浮薄である。古の仏者は高潔であって我執がないが、今の仏者は驕慢で欲深い。自分の宗派に固執して偏った党派をなすのである。始めには心に生じるだけだが、終わりには政治に害となる。これが僕の深く憂いとする理由なのである。だから無偏党論を著して公論正議に従うのである。願うところは、惑いを弁じ疑問を質し、治世と安民の助けとし、誹謗や党争を止めて明鏡達観の境地を得て偏ることがないようにしたいのである。だから儒教と仏教をお互いに融和させなければならないのであり、その弊害を除きたいのである。ゆえに諸宗が道理にもとっているのに、どうして貶すことがないということがあろうか。これが僕の本当の志である。人倫を廃れさせないことについては、『護法資治論』の中で悉した。因って今は省略する。以上、願うところをお察しいただきたい。

要するに尚謙は儒仏一致、澹泊は儒仏分離を主張したということができようが、光圀が「物に滞らず、事に著せず」と述べ、「神儒を尊んで神儒を駁し、仏老を崇めて仏老を排す」(梅里先生碑)と説き、それが草案の段階でも「儒仏の論此まま指し置き申し度」との念願であったことに思いを致せば、尚謙の説くところには明らかに一理があるということができよう。さらに一言すれば、この著述では仏教擁護のみでなく神道に言及しており(例えば、補遺下の「神道至徳」の項目)、国史における神道の役割をも論じているのである。

なお、侍医であった井上玄桐が「神道は神道、仏道は仏道、修験は修験、おのおのその道を専らにして他を混雑してはならないと教えられた。僧侶に対してもその本来の宗旨に他宗派の宗旨をまぜこぜにすることをおおいに嫌われた。」また「度々仰せられたことは、孔子の教えは煎じつめれば仁の一字に集約され、釈迦一代の説法は慈悲の二字を説き続けたに過ぎない。政治に当たっては慈悲を専らにすべきである、と。このことはくり返し仰せられた」(『玄桐筆記』)と伝えていることも付加しておこう。

◯

尚謙は史臣として本紀や列伝の草稿執筆や校訂に従事したが、とりわけ南朝の事績には多大な関心を寄せていた。ここでは名和長年に注目してみよう。列伝の名和長年伝は三宅観瀾の執筆によるものであるが、尚謙は校訂等にも関与していないようである。しかも名和氏に関する重要な一文をものしているのである。それは「故伯耆守名和君碑陰記」というものであるが、まずはその文章を掲げよう。

古より忠臣義士、節に殉ひ死を善くする者は、必ず祠を建て之を祭る。旦暮に敬を致し、民として勇有りて且つ方ふところを知らしめ、歳時に奉祀して士をして危を見て命を致さしむ。彼の張許死を唐に善くし、文謝節を宋に殉ふ。皆廟食を享く。徳を崇び教を設くる所以に非ずや。故の伯耆守名和公源朝臣諱長年は、伯州名和の荘の人也。元弘の多難に丁つて、後醍醐帝を船上に向へ、遂に乗輿を奉じて、京師を恢復す。其の忠義古の賢将に恥ぢず。竹帛の垂るる所、以て概見すべし。不幸にして延元の変に遭ひ、力戦して敵中に没す。嗚呼形骸を一時に壊ると雖も、而も名節を百世に伝ふ。凛然たる士気、誠に懦夫をして志を立つるを知らしむべし。今、名和荘氏殿の神祠、此れ其の霊なり。近年、大守羽林池田君、地を択び祠を移し、田を墾して之に附す。臣大窪友尚其の事を奉ず。且つ力を興造に竭す。祠乃ち成り、像乃ち設く。是に祭り、是に饗す。其の詳なること福住道祐録する所に見ゆ。友尚、尚謙に請ふて記に為らしむ。我が水戸相公篤く南朝を崇び、名和公と志を千載の後に同ふす。尚謙其の家に事ふ。豈敢て辞する所ならんや。ま

た従って辞を為りて曰く、

船上に駕を迎ふ。佐命の忠臣。大宮の力戦。義を取りて仁を成す。霜を凌ぐ気節。日を貫く精神。

氏殿の旧址。威徳惟れ新なり。

語釈をしておこう。「張許」は張巡と許遠のことで唐の武将。安禄山の乱で活躍したが、籠城後捕縛される。「文謝」は文天祥と謝枋得のことで宋の忠臣。ともに国に殉じた。「竹帛」は書物（とくに史書）のこと、「大守羽林池田公」は池田光仲、「大守」は大名、「羽林」は近衛中少将の唐名、「水戸相公」は徳川光圀、「相公」は参議の唐名。「辞」は韻語を用いて感動を述べる文章、「大宮」は名和長年の戦死地、ただ異説もある。

文意は名和公の忠誠を称えて民の向かう指針として顕彰したのであるが、この事業を推進した池田公と臣大窪氏を表賞し、しかもこれは光圀の思いと通ずる（傍線部）としたのである。この一文は短文ながらも、楠公と光圀の相感を述べた大串雪蘭の「楠公碑を拝するの文」や今井弘済の「楠公を弔うの文」などとともに南朝の忠臣を賞讃した名文といえよう。なお、福住道祐は尚謙の師であるが、大窪氏と交遊があり、その関係から記文を依頼されたのであろう。碑文は幕末に至って氏殿神社境内に建立されたが、時の藩主は水戸斉昭の五男で池田氏を継いだ慶徳であった。

○

尚謙の著述としてもう一論にふれておきたい。それは『二十四論』というものであるが、この著述では唐に学ぶべからざる点、唐に学ぶべき点、日本が唐に勝る点をそれぞれ八項目ずつ論じている。とりわけ日本が唐に勝る点としては皇祚、義勇、帯剣、襲封、外患なし、宦者なし、食饌、武芸を挙げているが、これらの論点は水戸学的精神そのものともいえよう。皇祚の項では天神・地神の嗣である神武天皇以来今日までの皇嗣承継を述べているが、さらに次の敬神という一文にも注目しておこう。

　我が邦上下万民、皆神祇を敬ひ、各氏神を崇む。豈に止に過を悔ゐ、福を求むるのためならんや。天性の然る所なり。幼より老に至るまで神を敬して貳なく、これを以て君に仕ふれば則ち忠、是を以て親に事ふれば則ち孝なり。百行信を以てし、道相悖らず。神を敬するの徳、至れるかな。

ここには『護法資治論』にみえる神道論（神道至徳）と同様の主張をみることができるようである。このような主張は卜部兼直の「神道由来記」（史臣の津田信貞が編集した『続神道集成』に収めるが、その一節に「釈迦、孔丘、共に性命を天地に受け、徳行を夙夜に施す。是神明の託に非ずや。」とみえる）を踏まえているかもしれないが、明らかに安積澹泊とは異なるところをみることができよう。

　さて、日本が唐に勝るとした八項目について総論に述べるところで概観しよう。順に引用すれば「皇祚を仰ぐ。敬をもつて篤く信じ、遠く淳風を仰ぐなり」「義勇を好む。恥を知るの心、礼儀の化を興すなり」「恒に剣を帯び、亢（急所のこと）を失ふことを忘れざれば、敬せざるなきなり」「封を襲ぐを貴ぶ。恩情厚深、則ち邦固し」「外患無し。地勢利と雖も、而も警誡忘るべからず」「宦者を悪む。嬖幸寵臣動もすれば、禍を簫墻の内に致す」「食饌を淡くす。油膩厚味は摂生の道にあらざるなり」「武芸を愛す。武以て文を輔け、並行して邦治まる」となる。これらをみれば、尚謙が我が国の徳性を見事に把握していることが知られよう。

この、日唐比較論で注目すべきところがもう一つある。それは皇祚の項の末尾の一節であるが、次に掲げてみよう。

姫周の世、伝ふること、永久と雖も、而も三十七代、八百七十年に止まる。我が皇統に及ばざるや遠し。蓋し惟ふに、天孫の徳、億年に格り、神明の化、兆民に光被す。心慮の及ぶ所にあらざるなり。仲尼槎（いかだ）に乗つて海に浮ばんと欲し、又九夷に居らんと欲すとは、蓋し我が邦を指すか。史に称する海上神仙の山は、我が山を指すか。

「仲尼」は孔子のことで『論語』公冶長篇にみえる一節を引いている。原文は「道行はれず。桴に乗りて海に浮ばん。我に従ふ者は其れ由か」である。道が行われないから、桴に乗って海に浮かんで海外に行こうと思うが、その時従ってくれるのは由（子路）のみであろう、というのである。「九夷」は東方の夷のこと（九種類あるところから）で、尚謙はこれを我が国（日本）と解釈したわけである。

実はこの解釈は北畠親房の『神皇正統記』にもみえているのである。七代孝霊天皇の条に「孔子世の乱れたる事を嘆きて、九夷に居らんとの給ひける、日本は九夷の其一なるべし。異国には此国を東夷とす。此国よりは又彼国をも西蕃と云へるが如し」とあるが、これを踏まえたものかもしれない。重要なことは何故に孔子が桴を海上に浮かべようかと思ったのか、ということなのであるが、その理由を尚謙は我が国が皇統続く国柄であり、「天孫の徳、億年に格（いた）り、神明の化、兆民に光被す」すなわち道が行われているところに求めたのである。尚謙の思いを十分に窺うことができる一節といえよう。

二　大串雪蘭と栗山潜鋒

『御意覚書』の末尾に次の書簡が収められている。この書簡は十二月二十一日付（元禄九年）で、中村新八と安積角兵衛の連名による佐々介三郎宛のものである。中村、安積とも当時史館総裁であった。佐々はこの年総裁を辞し、西山の光圀に近侍していた。以下、便宜三段に分け、大意（○印以下）とともに掲げてみよう。

大串平五郎跡役の儀、内々相談仕り、春にも成り申し候はば、申し立つべくと存じ罷り在り候所に、此間御老中・御奉行衆も、如何存じ寄りこれ有るやと相尋ねられ候に付、兎角機会を相延し候ては然るべからず候。年内申し立て然るべく存じ、両人打ち寄り相談仕り候所、鵜飼権平・栗山源助・酒泉彦左衛門、右三人の内と存じ候。三人の内を撰び申し候へば、栗山第一と存じ候。然れ共、鵜飼義先輩年長、又は学才も別て相劣り申し候とも存じられず候。左候へば次第の通り、先づ鵜飼方仰せ付けられ然るべく候はんか。此の段私意にては決定仕り難く候。

○大串平五郎の後任の件は、春にでもなれば申し上げることができると思っていたが、老中や奉行たちからどうなっているのかと問われたので、機会を延ばしてはいられない。そこで年内に申し上げようと二人で相談した結果、鵜飼・栗山・酒泉の三人の中からと思い、中でも栗山が第一と思う。だが、鵜飼は先輩で年長であり、学才も劣っていないと思うので、まずは鵜飼かとも思うが、我々では決定し難い。

青野源左衛門は栗山より座上にて候へ共、此の人病懶、中々劇務絶え難き候はんと存じ相除き、先々右三人の内と存じ候。

○青野は栗山よりも地位も高いが病弱のため劇務には耐えられないと思われるので、先の三人から選びたい。

此の役儀は第一大殿様思し召しに相叶い申さず候ては罷り成らず義に御座候間、私の了見にては議定罷り成らざる義に御座候。大殿様思し召しの段を御内意承り置き、願いを申し立て候義至当と存じ奉り候。何とぞ近き内尊慮の趣御伺い成され仰せ聞かれ下さるべく候。年内に願い申し出で度く存じ奉り候。貴様思し召しも御座候はば、是又御暁諭仰せ聞かせられ下さるべく候。以上

○この件は第一には大殿様(義公光圀)のご意向に拠らないでは決められないので私見では難しい。大殿様のご意向をお聞きし、お願いするのが筋である。ご意見を承りたい。年内に申し上げたいので、お召しがあればそのようにお願いしていただきたい。

大串平五郎は諱を元善、号を雪蘭といったが、元禄九年(一六九六)十二月十二日に三十九歳で亡くなった。時に総裁であったが、この年の十月に就任したばかりであった。文面は明らかにその後任の選出に関してのものであるから、この書簡は大串没後九日目の発信ということになろう。後任については後述することとして、大串平五郎について述べてみよう。

安積澹泊が最晩年にものした遺言ともいうべき「検閲議」という一文に、次のような一節がある。

僕、壮年江館に在り。久しく吉磐斎・村篁渓・串雪蘭・栗潜鋒諸子と編修の事を同じうす。栄花物語の如き、至浅至近、而して国語優柔、婦人の手に成る。其の通暁し難きこと、恰も禹碑・石鼓の文の如し。当時篁渓、雪蘭と局を同じうし、正に栄花の世に当る。雪蘭刃を迎へて解く。篁渓觚を操りて書し、遂に各伝を成す。蓋し、雪蘭傑出之才、考索精確、発明敏捷、曽南豊が所謂古の良史、その明以て万事の理を周くするに足り、其の智以て知り難きの意に通ずるに足るもの、庶幾はくば之に近からんことを。

「僕」はいうまでもなく澹泊、「吉磐斎・村篁渓・串雪蘭・栗潜鋒子」はそれぞれ吉弘・中村・大串・栗山のことで、みな総裁を務めた人物である。「禹碑石鼓の文」は禹が治水の時に刻んだという七十余字の碑文と周の宣王の石刻十個からなる四百六十余字の文のことをいう。また「曽南豊」は北宋の人で唐宋八大家の一人として知られる。雪蘭の国文の読解力を称え、その考察の精確さは北宋の曽南豊に匹敵すると高く評価し、後輩諸氏がこれに準ずることを期待したのである。

この一節をみただけでも雪蘭の才能が窺えるが、史臣としての業績には決して見逃せないものがある。それは彰考館の図書分類である。雪蘭は数千巻におよぶ図書を和書と漢籍に分け、さらに和書は十二支、漢籍は八卦によって分類したのである。この分類整理は元禄四・五年（一六九一・九二）のことであるが、しかも史料蒐集の合間の仕事であった。

さて、和書の分類であるが、子部は神書、丑部は諸史、寅部は職官、卯部は家乗、辰部は詩文、巳部は歌書、午部は音楽、未部は譜牒、申部は雑書、酉部は抄解、戌部は仏書、亥部は稗藪と整理したのである。これをみれば書籍の尊卑本末が明らかであるが、そこには水戸学的思想を窺うことができよう。雪蘭は各部に序文を書いているが、例えば、子部の神書には、

　本朝は神道を以て教を設く。心性是を以て明らかに、治化是より出づ。

とみえ、未部の譜牒には、

　姓氏は種族を甄(あら)はし同異を別つ所以なり。本朝は神明の後、世系一統、未だ一日も大命を間(うかが)ふ者有らず。甄別(けんべつ)(物の優劣を見分ける)何ぞ用ひん。故に王家姓無し。

とみえることなどは、神道を重んじ、皇室をいただく革命なき我が国の特性をみごとに表明したものといえよう。

さらに雪蘭には光圀と楠公の相感に及んだ「楠公碑を拝するの文」という文章があるが、これは楠公憧憬を表明した水戸学派の中でも最も光彩を放つ一文である。

○

先に引いた十二月二十一日付の書簡には光圀自らの朱筆が付されているが、これには光圀の大串後任に対する「御意」が表明されている。文面は次の通りである。

　愚意に存じ候は、平五郎跡役一人欠にても苦しからず存じ候。各両人にても勤まり申すべく存じ候。兎角達せざる事と存じ候。去りながら此の書付の内にて御申し付け然るべく仁は、栗山氏人

筋の者と申し、学力の人並み、人品も苦しからず候。鵜飼氏・青野氏は両人共に病身にて候間、勤め難く存じ候。酒泉氏是も役義勤むべく生質にて候へ共、新参者にて候間、先延引も然るべく候。同じくは春に成り味細吟味遂げられ、尤もに存じ候。以上

光圀は必ずしもすぐに後任を決めなくてもよく、二人でも可能ではないかとの意見である。そうはいうものの両人の意見を参照しつつ春まで吟味すればよいという。それは栗山には否定的ではないけれども、鵜飼と青野は病身だから勤めがたいとし、また酒泉は可能であろうが新参者だからというわけで、積極的に決めようとの意見ではなかったわけである。結局翌年、すなわち十年（一六九七）になって若年の栗山が総裁に就くことになるのであるが、栗山はわずかに二十七歳、入館わずかに五年のことであった。安積の入館が二十八歳であり、総裁就任が三十八歳であったことを思えば、栗山の総裁就任は破格であったといえよう。

それでは若年の栗山を第一とした安積の思いはどこから生じたものであろうか。いま、その一事例を栗山との論争から窺ってみよう。栗山に「真西山」という一文がある。この文章は上下に分かれるが、上はいわば序文で下が本論である。本論といってもわずかに二百三十四字の論文であるから簡潔な文章といえよう。次に全文を掲げる。

> 晋の趙穿（ちょうせん）、手づから其の君を弑す。趙盾（ちょうとん）、国に当りて討たず。董狐（とうこ）、断然として書に曰く、趙盾は其の君夷皐（イコウ）を弑すと。孔子、春秋を作る。其の文に因りて之を革めず。夫れ理宗の立つる、寧宗知らず。済王の廃する、寧宗知らず。済王の薨ずる、実は其の罪無し。追貶の詔、将に何の言

有らんとす。理宗始め覬覦の心を貯へ、終に逆賊の誅を正さず。史弥遠、言ふに足らず。理宗の罪、若し董狐をして之に書しむれば、安ぞその位を奪ひ、其の君を弑するを書せざるを知らんや。西山、始め済王宮に教為り。既に其の職を去ると雖も、豈に理宗位に即き、恝然として出て之に事ふるの理有らんや。之を春秋に達すると謂ふは、則ち我恐は未なり。王・魏の唐に於ける、諫行はれ言聴かれ、膏沢民に下る。然れども、猶其の功、遂に其の罪を捨つる能はず。況んや西山の理宗に於ける言聴かれず、諫め行はれず。既に済王の冤を雪ぐ能はず。又、弥遠の罪を正す能はず。則ち徒に罪を春秋に得るのみ。王魏の功と為すは、猶之能はざるなり。孔子、嘗て謂へらく、由と求とは、父と君とを弑せんには亦従はざるなりと。嗚呼、由と求とは真儒ならんや。

大意を捉えてみよう。晋（南北朝時代の晋）の趙穿がその君、すなわち霊公（夷皐）を弑したにもかかわらず、宰相であった趙盾はそれを討伐しなかった。そのことを史官である董狐は趙盾が主君を弑したと記述したが、孔子は『春秋』に文を改めずにそのまま採用したというのである（なお、『常山文集』巻十二に収める七絶「新館酌史」に「酌み来たって既に酔ふ董狐が糟」とみえる。糟は濁酒のこと）。

さて、宋の理宗が即位したことを先代の寧宗は知らず、寧王は皇子の済王が廃されたことを知らず、また済王の死に対して罪はない。後から批難することに何の意味があるのか。理宗の罪は始めから上を望もうとする意図があり、逆賊の誅戮を正さなかったことである。宰相の史弥遠はいうまでもない。だから、もし董狐にこのことを記録させたとすれば、どうして理宗が位を奪って主君を弑逆したことを記録しないということがあろうか。時に、西山（真徳秀）は始めは済王の教育係りであり、その職を辞したとしても、割り切って理宗に仕えるという道理はないのだ。いま、これを『春秋』に適っているということに私の懸念はない。

かつて、唐の王珪と魏徴は諫議大夫として太宗（李世民）を諫め、その言は聞き入れられ、恩恵が民に及ぼされた。しかし、その罪が帳消しになったわけではない（王魏は皇太子であった兄建成に仕えていたが、太宗は兄を殺して位を奪った）。ましてや、西山の場合は理宗を諫めても言は聞き入れられなかったのである。済王の冤罪を雪ぐことはできず、また弥遠の罪を正すこともできなかったのであって、ただ『春秋』（すなわち歴史）のみが罪を与えたのである。だから、王珪と魏徴に功績があるということはできないのである。

孔子はかつて言われた。「仲由と冉求とは父と君とを弑逆するような大逆無道には決して従うことないのだ」と。仲由と冉求は真の儒者なのであろうか。

以上が大要である。

〇

これに対して安積は以下のような見解を示した。前文には、

栗潜鋒論を著して、以為らく、理宗は簒奪者なり。西山、之に事ふるは当たらず。罪を春秋に得る者なりと。故に之を弁ず。

とみえるので、栗山の主張を理宗は簒奪者（栗山には簒奪の用例はないが）とし、西山が仕えたのは正し

くなく、春秋が罪としたと理解したわけである。そこで、これに反論を加えたのが次の一文である。この文章は栗山の論（上下から成るが前文にあたる上を除く）の四倍の分量がある。後半の要点を紹介しよう。

此れ、余の寧宗の昏蔽にして早く大計を定むる能はざるを痛恨する所以なり。故に其の情を究むれば則ち済王宜しく統を承くべき者なり。其の名正しければ則ち済王未だ嘗て太子と為らず。遽に之を君と謂ふを得ざるなり。理宗の立つる、之を正しからずと謂ふは則ち可、之を簒奪と謂ふは則ち不可なり。其れ逆賊の誅を正す能はざれば、則ち誠に責を逃るる所無し。而して加ふるに簒弑を以てすれば、則ち恐れ已に甚だし。或いは曰く、子の引く所鄧若水の封事に曰く、揆は春秋の法を以てすれば弑するに非ざるか、奪ふに非ざるか、攘奪に非ざるか、此れ理宗の罪案なりと。曰く、若水の言、直諒剴切（ちょくりょうがいせつ）、理宗の賊を誅する能はざるを責め難じて悪名を被る。而して真に理宗を以て弑と為し、簒と為し、攘奪と為すに非ざるなりと。

要するに、寧宗は自らの後継者を定め得なかったことは痛恨事であるが、情からみれば済王が後継であるべきである。名分からは済王がまだ太子ではなく君とはいえない。理宗の即位が正しくないというのはよいが、簒奪というのはよろしくないとする。貴兄がいうところは鄧若水の封事にみえており、たしかに理宗は悪名を被ってはいるが弑逆・簒奪・攘奪には当たらないとしている、と安積はいうのである。さらに続けていう。

故に下文に之を承けて曰く、天下皆罪を弥遠に帰す。而して敢て過を陛下に帰せざるは何ぞや。

天下皆知る。倉卒の間、陛下得て知る所に非ず。亦陛下必ず是心無きを諒するなり。夫れ是心無くして是事有り。固より人倫の不幸、此に処れば則ち当に詳かに善後の策を慮るべし。理宗大義に明かならず、後を善くする能はず。故に当時之を議し、後世之を議す。而して今に至り、衆心を厭ふ能はざるなり。西山の理宗に事ふる若きは、則ち道を枉げ、苟も進む者に非ず。済王既に建成の位無く、理宗素より太宗の謀無し。西山、起居舎人を以て宮講を兼ぬ。其れ王・魏の専ら東宮僚属と為す者と、日を同じくして語るべからず。則ち未だ之に事ふべからざるの理を見ず。其の入対に方りて、首に済邸の冤を論じ、屢々讜言を進り、竟に権奸の憚る所と為る。未だ年を逾えずして罷り去る。則ち其の出処進退は、学ぶ所に負はざると謂ふべし。

「起居舎人」は天子の言動を記録する役人、「讜言」は道理にあった正しいことばの意であるが、結論は次の通りであった。

而して之を責むるに以て罪を春秋に得ると為せば、則ち又已に甚だし。古人を尚論すること、是の如き苛酷は宜しからず。史称はく、徳秀嘗て一たび其の冤を説くと雖も、亦未だ鄧若水の力には若かずと。春秋賢者を責備するも、蓋し遺憾無からず。此れ公平の論なり。故に余反復して済王の本末を参覈して以為らく、勢なり。情なり。理宗は簒奪に非ざるなり。西山、理宗に事ふるべからざるの理無きなりと。

要するに、栗山のいうところは言い過ぎではないかとするのであり、その拠ってきたるところは勢であり、情であるとして、理宗と西山を擁護したわけである。さすがに老練該博なる安積である。その主張は理路整然とした感じがあるが、簒奪に関していえば安積は栗山への反論を挟んでその前後には簒奪の語による論評を下している事実があることにもふれないわけにはいかないであろう。

反論の前では、貞享四年（一六八七）に吉弘元常や人見伝が天武紀や大友本紀を論じた際に「帝大友紀議」を著して「天武簒奪」と記し、後では享保九年（一七二四）の「謝平玄中書」において「天武之簒奪」を認めているのである。これは理宗の簒奪を認めないことと矛盾はないのであろうか。結果からすれば、安積はそれを念頭に置かなかったということになる。

ところで、栗山も安積も唐の王珪と魏徴にふれているが、ともに王魏論をふまえたものであろう。それは安積に「王魏太宗に事ふ」（文集収録の際に改められたものか）、栗山に「安積君王魏考の後に題す」という一文があるからである。栗山の文章の末には「元禄六年七月十四」（『幣帚集』には日の字を欠く）との記載があるところからすると、恐らくこれらの応答はこの頃のこととしてよい。栗山の水戸仕官は元禄六年（一六九三）のことで二十三歳であった。そうとすれば、栗山は仕官の年に早くも安積との論争に挑んだことになるのである。安積はこの年総裁に就くが、三十八歳で十五歳年長であった。安積の「王魏太宗に事ふ」の前文には「諸公博雅、願はくは評隲を下し以て弁駁を給へ」とみえるので、入館間もない栗山ではあったが早速これに応じたのであろう。そのような積極果敢な栗山に遠慮無い反論を加えた安積ではあったが、十分に栗山の才能を認めていたのである。それが、先の書簡に「栗山第一と存じ候」と述べたことに表明されているというべきであろう。

安積との関係ではもう少しふれておきたいことがある。まずは義公光圀薨去後に編集された『水戸義公行実』は安積・中村・栗山・酒泉の四名（ともに総裁）によるものとされているが、実際はほとんど栗山一人の手になるものである。それは安積自らが語ったところで、酒泉は江戸在番で携わらず（総裁なので立場上名を連ねたのみ）、中村と自分は相談相手で、栗山の文章には不備がまったくなかったというのである。

さらに、もう一例は三宅観瀾との神器論争である。栗山の『保建大記』に安積は跋文を書いているが（正徳四年付）、その中で三宅とともに史館に在り折衷討論したが、三宅は栗山の精確な議論に服しつつも神器に関してはついに議論が合わなかったとし、それは君子が和して同ぜずということだと記している（三宅も序文を寄せて「議ついに合わず」と記している）。また、跋文の冒頭には宋の理宗が殿堂の軒下に出て試問を行い、文天祥を見出したことにふれ、それを側近の役人が「古誼、亀鑑の如く、忠肝、鉄石の如し」と讃えたことを述べて、それは栗山が八条宮尚仁親王に『保建大記』を上呈したことを「古誼、忠肝、世宜しく之を知る者有るべし」として、理宗の故事になぞらえていることをみると、理宗を高く評価していることが窺える。そうしてみると、栗山への反論は当然のこととみるべきなのであろうか。ただ、史実からみれば理宗が史弥遠による長年の策略の結果によるものであることは明らかなのであるが。

いずれにしても、このような討論切磋が『大日本史』編纂を支えた原動力であったことに疑いをはさむ余地はあるまいと思われる。なお後年のことであるが、藤田東湖の「孟軻論」にも栗山が論じた「由と求」についての言及がある。

○

大串は総裁たること僅かに数カ月にして三十九歳の生涯を終え、栗山は三十六歳にして生涯を閉じた。せめてあと十年の歳月を彼らに与えることができたならば、さらに安積とともに修史の進展に大きな功績を加えたに相違ない。惜しいかな、天は両人を薄命の総裁として修史に名を留めしめるに至ったのである。「雪蘭居士大串元善碑陰」といい、「泉竹軒・佐竹暉両総裁に寄するの書」における栗山の評価といい、この薄命の両総裁に寄せた篤い思いは長い生涯を修史にささげた安積ならではのものということができよう。

なお、栗山が「大串兄の京に使いするを送るの序」や「安積兄の江戸に使するを送るの序」を作り、また元禄九年（一六九六）には史館の桜花盛りの時、安積の韻に和した七絶を詠んでいることを付記しておこう。

以上、安積との関係にふれながら森、大串、栗山の三史臣についてみてきたが、そこには光圀の安積への信頼の厚さはもとより、史臣の才を見極めようとする光圀の歴史家としての資質をかいまみることができよう。

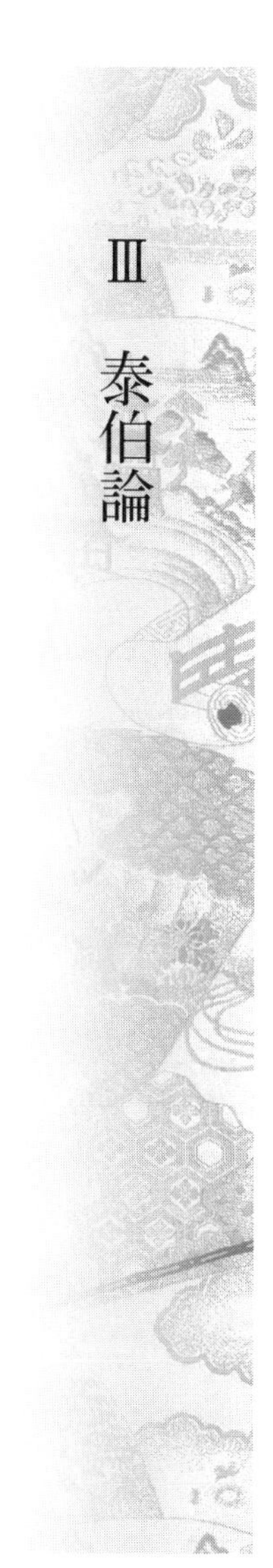

Ⅲ　泰伯論

一　丸山可澄の「泰伯論」

国家の歴史を編纂しようとすれば、その始原をどこに求めるか、そしてそれをどのように叙述するかという問題を解決しなければならない。『大日本史』を編纂した義公光圀をはじめ水戸の史臣たちはどのような解決を図ったのだろうか。

この始原の問題を考える時、当然にしてふれねばならないことがある。それは当時流布していた泰伯論（太伯の表記もあるが、以下原文の引用を除いて泰伯で統一する）というものであるが、以下に考えようとするのはこれである。泰伯論を一言にすれば、呉の泰伯が我が国の祖先であるという説である。泰伯は孔子も至徳の人として称えた人物であるが、その泰伯が我が国に逃れ来たって国を建て、伊勢神宮はその廟であり、神武天皇の祖となったというのである。この説は後醍醐天皇の時代に五山の僧である中巌円月が唱えたことによって流布したようであるが、それをどのようにして水戸の史臣は知りえたのであろうか。『神皇正統記』（巻二）をふまえていることはいうまでもあるまいが（後述する吉田活堂の論参照）、林羅山によるところもあったかもしれない。それは羅山の「神武天皇論」冒頭に次のようにみえているからである。

論じて曰く、東山の僧円月（字は中巌、中正子と号す、妙喜庵を剏建す）嘗て日本紀を修す。朝議協はずして果たさず。遂に其の書を火く。

何しろ羅山の言うところであるから大きな影響を与えたことは疑えないが、まずは羅山の記述から検討してみよう。円月の泰伯論はその著『日本紀』にみえており、朝廷に献上されたが、取り上げられることなく焼却されたというのである。『日本紀』は『日本書』ともいうが、今日伝えられていない。今日に伝えられていないばかりでなく、羅山の時代でも、さらに遡って桃源瑞仙という禅僧の時でさえはっきりしないのである。桃源瑞仙は円月より百三十年後に生まれて、泰伯論を伝えた『史記抄』を著した人物である。『史記抄』は円月の『日本紀』に国常立尊が泰伯の末裔であると述べられているとし、それを批判しているのである。

また、さらに五十年降った惟高妙安の『玉塵抄』にも同様のことがみえているが、羅山の泰伯論はこの程度の情報によったものなのであろうか。近世初期に発見された円月の遺稿集『東海一漚集』に載せる総目録にもその書名がみえていないところからすれば、すでに失われていたか、あるいは単なる伝承にすぎないというべきかもしれない。

そこで、もう少し羅山の記述をみなければなるまい。「中正子」は記述の通り円月の号であるが、円月は同名の著述をものしており、この著述は羅山の師である藤原惺窩によって批評が加えられている。また「朝議」以下は朝廷に献上されたけれども取り上げられずして焼却となったことをいうのである。円月が『日本紀』を著したとしても、執筆完成の時期は明らかではない。『日本紀』は虎関師錬の『元亨釈書』に触発されて執筆したともいわれているが、そうとすれば撰進の元亨二年（一三二二）以後のこととなる。

ただ、元亨元年二十二歳の時に円月は師錬に会って教えを受けており、元に渡ろうと向学心をたぎらせていた頃であるから大きな示唆となったかもしれない。師錬は若き円月を高く評価していたようではあるが、確実なところは帰朝後の円月が晩年の師錬を訪ねて『元亨釈書』を借覧したのが興国六年（一三四五）、北朝の貞和元年のことで、この頃には師錬と書簡を交換していることだけである。円月は『元亨釈書』の博識に驚歎しつつも疑義をも表明しており、彼我の国家観の相違を見て取ることができる。『日本紀』はこれより四、五年前に執筆したとされるが、朝廷に献上されたということも明確ではない（後醍醐天皇の崩御は延元四年〈一三三九。暦応二年〉である。献上は北朝かもしれない。師錬は円月訪問の翌年に没する）。いずれにしても断定的なことはいえないように思われるが、師錬と円月における歴史観の相異は明らかといえる。

円月は中興成就の元弘三年（一三三三）に鎌倉から上京し、「上二建武天子一表」など三編の文章を朝廷に上呈しているので後醍醐天皇には知られた存在であったと思われる。

なお、羅山の「神武天皇論」については後述するが、子息である鵞峰は寛文六年（一六六六）付の

「新刊東国通鑑の序」に「泰伯、至徳にして我が王跡の基」と記しているから泰伯始祖説を信じていたことは明らかである。しかも、この序が義公光圀の命によって書かれたものであることにも十分に注目しておくべきであろう。

○

それでは泰伯とはいかなる人物であったのか。すでに孔子が至徳の人として称えていたことには言及したが、さらに具体的に探ってみよう。そのためには『論語』の泰伯篇冒頭の一条を掲げれば十分であろう。

子曰く、泰伯は其れ至徳と謂ふべきのみ。三たび天下を以て譲る。民得て称するなし。

「泰伯は徳の極に達したものというべきである。己の取るべき天下を固く譲って取らなかったけれども、その譲りが隠微であったので、当時の人はその天下を譲ったことを知らず、その徳を誉め称えることができなかったほどである。」

「三たび」の解釈は朱注によったが、荻生徂徠は文字通り三回の意に解している（『論語徴』）。徂徠は古学派であるから朱注に依拠しないのは当然といえるが、泰伯が兄弟に譲って荊蛮の地に逃れたというのは伯夷・叔斉と類似の話である。孔子は魯国の祖である周公を理想としていたが、その周公は文王の子であり、武王の弟に当たる。文王の父である季歴は泰伯と仲雍との三人兄弟の末弟であったが、父は季歴の賢明さとともに孫の文王にも心を寄せて後継としたいと考えた。これを思って泰伯と仲雍は季歴に位を譲るために荊蛮の地に逃れ、故国に帰らなかった。そして呉の国を建てたというのである。一方、孫の文王が周王朝の基礎を作り、次いでその子、すなわち武王が殷を滅ぼし周を建てたのである。泰伯の伝は『史記』にもみえているが（呉太伯世家）、概要の紹介は義公光圀との関連もあるので後述することとしよう。

このように有徳の人に国を譲るという禅譲の考えが儒教を奉ずる人々によって盲信され、それが慕華思想として我が国にも及んでいたのである。

○

以上を予備知識として水戸の泰伯論を検討することとしよう。まず第一には、丸山可澄（よしずみ）（号は活堂）の「泰伯論」である。可澄は東西に奔走して史料蒐集に努めた史臣であり、『神道集成』の編纂に従事した神道学者として知られる。その神道的学識をふまえつつ、我が国の始祖を呉の泰伯とする説に批判を加えたのが「泰伯論」という文章なのであるが、その成立は享保七年（一七二二）四月である。時に可澄は六十六歳であった。その末尾に、

> 後醍醐の朝、沙門（しゃもん）（僧侶のこと）円月日本記を作り、泰伯の後と称す。帝斥けて用ひず。遂に其の書を焚（や）く。今の世に生まれて其の説を沿襲す。亦王法の罪人なり。吁（ああ）、旧事記、古事記、日本書紀及び歴代の国史は天下公共の書、班班考ふべし。吾、豈に一家の私言ならんや。聊（いささ）か泰伯論を著し、同門の諸子に示す。博雅の君子、冀（こいねが）くは明証せられんことを。

と記しているところからみれば、羅山・鵞峰父子の説をはじめとして当時流布していた円月の主張が執筆の契機となっていることは認められてよいであろう。「王法の罪人」には円月のみでなく、羅山や鵞峰を含めてよいであろう。可澄は「旧事記、古事記、日本書紀及び歴代の国史は天下公共の書」であるからこれらによって考えるべきであり、決して一私言ではないとし、他に明証を求めたのである。

以下、六段に分けて言及するが一段目の後半に、

> 近世、風俗陵夷し、常を厭ひ異を好み、外国の書を偏執し、自ら称して夷狄と為し、他方の礼を用ふるに至る。公然として忌諱を為さず。是に於いて誕辞腐議の徒、雲興泉湧す。

とみえているので、近世の風潮に対する警鐘の意味を込めてのことであろう。いうまでもなく、そこには徂徠学派も含まれる。「陵夷」は衰えすたれる、「忌諱」はいみきらう、「誕辞」は実際と異なる大げさな話、「腐議」は役に立たない議論の意である。

それでは「泰伯論」の主張、すなわち泰伯始祖説に対する批判はどのようなものであったのか。まず「神武天皇の興起を以て、周末の世に当たると謂ふ。泰伯、日本に遁れ邦を建つ。伊勢神宮は其の廟なり。妖妄の言、これより甚だしきはなし」と断言した後に、次のように述べる。

> 夫れ、泰伯は大王の長子、大王は商の志を剪ち、泰伯は従はずして、荊蛮に逃る。孔子、泰伯を称して至徳と謂ふ。至徳の人、何ぞ父の命に従はずして父母の郷を去らんや。彼亦常経に非ず。至徳の人、何ぞ吾が神国を奪ばんや。果たして夫れ、然らずんば至徳に非ず。周の后稷の後なり。

伊勢の豊受皇大神（とようけのすめおおがみ）は五穀神にして御気津（みけつ）神と称す。乃ち天照大神の始祖、天御中主尊（あめのみなかぬしのみこと）なり。漢土の后稷を以て之に配せんや。妖言を附会するなり。後漢書以下の歴史は、日本伝を立つるに泰伯の後と書せず。（以上、二段目）

泰伯については『論語』に多くの記述があって至徳の人として知られているが、その至徳であることに可澄は注目する。至徳の人が何故に父母の郷を去って荊蛮に逃れたのか。至徳の人が何故他国である我が国を奪うのか。もしそうだとすれば至徳の人といえないではないか。泰伯は周の始祖である后稷（こうしょく）の子孫である。伊勢神宮にお祭りする神、すなわち天照大神の始祖は天御中主尊である。どうして后稷なのか。これは人を惑わす附会の言である。『後漢書』以下の歴史書には泰伯の後とは記されていないではないか、というのであるが、これはもっともな議論といわなければならないであろう。

それでは泰伯始祖説の発端はどこにあるのか。続いて可澄はこれに言及する。

唯、梁書の東海伝に曰く、倭自ら泰伯の後と称す。而して伝中に皆夷狄の事業を書す。泰伯の後にして何ぞ此の如きならんや。一書相反し、信ずべからず。且つ日本国と書せず。蓋し倭の別種なるか。本朝の使始めて通ずるは、後漢光武の時、而して垂仁天皇の朝なり。是より先、秦の徐福日本に来る。童男数百之に随（したが）ふ。遂に帰らず。其の祠は熊野に在り。其の子孫は所謂秦氏なり。想ふに其の童男の中に、当に周の遺民の裔に有るべし。相続帰化し来朝する者、姓氏録に載する所数百氏、降りて臣民と為り、姓を賜りて諸州に居る。号して蕃別と謂ふ。三韓亦其の先は姫（き）氏、周の後なり。梁書倭人の語の如きは其の使人徒卒中、後に彼の出自と称する有るか。何ぞ吾が天皇を以て其の後と謂ふべけんや。阿倍仲麻呂、入唐留学す。唐主其の才を愛し、官禄を授け、仲麻呂唐の文物を慕ひ、而して帰らず。一時の文人と与に寄贈酬酢す。然れども一字の泰伯に係るの言無し。彼の宏博を以て、若し的拠有れば、則ち泰伯至徳にして邦を建つると謂ふべし。唐人亦問ふ所無し。即ち梁書の如きは信ずるに足らず。況んや書中齟齬するに於てをや。(以上、三段目)

泰伯始祖説の端緒は『梁書』であった。その東海伝にみえている説であって倭人が語ったところというが、日本とは記さないから倭の別種か、と可澄は推定する。我が国からの通交は後漢の時からであるとし、これより先のこととして徐福伝説にふれる。秦氏は徐福の子孫であるが、その従者には周の遺民が含まれており、来朝した者は帰化し臣民となった。そのことは『姓氏録』に蕃別として記載されているが、倭人の言によって我が天皇がその子孫だとどうしていうことができるのか、と難じている。入唐した博学の阿倍仲麻呂でさえ何も言及していないし、また唐人の問うところもない。だから『梁書』は信用に足らないし、記述にも齟齬があるではないか、とするのである。「酬酢」は返杯の意である。

可澄は『梁書』に拠っているが、他に『魏略』『晋書』『北史』などの正史にもみえるところからすると、泰伯始祖説の漢土における流布は認めなければならないであろう。

宋景濂の日本(東)曲、泰伯の事を載せず。而して楊妃を演くの祠熱田に在り。沙門絶海明に入り、太祖徐福の事を問ふて詩を賜ふ。泰伯を問はず。凡そ此の如く類推して知るべきなり。世人、周姓の姫氏を以て日本を称して、姫氏の国と謂ふ。是れ又、誤ること甚だし。天照大神は女神なり。推古天皇及び神功皇后は女徳にして天下を治む。姫は女子の美称にして、周姓を謂ふに非ざるなり。夫れ天を戴き、地を践み、君は君たり、父は父たり。其の地に生まれ、其の食を食み、其の服を服し、其の神恩を知らざる者は不孝不忠の人なり。凡そ朝廷の典礼政事、皆神代の遺法なり。児童奔卒も伊勢に有るを知る。以て朝夕の所行を為す。神を奉ずること父母を望むが如し。崇神天皇、神威を敬するの余り、神鏡を伊勢に遷し奉る。是より神と人と漸く相分かる。吁、日本は日本為り。皇国は千億万斯年に鞏し。彼の簒弑の徒、儔す能はず。猗、盛んなる哉。神明の徳為るや、堯舜の聖と雖も吾則ち与せざるのみ。孔子曰く、其の鬼に非ずして之を祭るは諂ふなりと。泰伯、日本を開き廟を立つる。則ち其の当たる所に非れば、而して其の祭を受くべからず。然れば則ち子孫何の暇有りて蕃衍するか。宋儒、泰伯を以て夷斉に比す。泰伯子孫有り。何ぞ夷斉の清と比せん。聖賢、義を以て主と為す。余、無稽の談と謂ふ。反て泰伯に累す。之を情理に揆るも、又甚だ悖れり。（以上、四段目）

宋景濂は明の太祖に仕え『元史』編纂にも当たった人である。「日東曲」は東方の日本の詩の意で、その中に泰伯のことがみえていないとする。楊貴妃の祠が熱田に存在することは当時から流布しており、『尾張名所図会』（前編巻三、天保十五年刊）にもみえている。臨済僧の絶海中津が入明した際に太祖は徐福のことを尋ねて詩を与えたが、泰伯のことは問わなかったことにふれている。このことは『仏智広照浄印翊聖国師年譜』（仏智年譜）にみえ、永和二年（一三七六）四十一歳の時のことで、太祖が日本図を指して熊野の古祠を問うて詩（七絶）を賦し、さらに御製（七絶）を賜ったという。また、姫は女子の美称であって、日本を姫氏の国というのは甚だしい誤りであるとし、我が国が神の国であり、その神恩を知らないのは不孝不忠の人だとして、さらに神鏡を伊勢に祭ったことに及び、神明の徳を述べるのである。「孔子曰く」は『論語』の為政篇にみえており、祖先神でないものを祭るのは卑屈だというのであるが、泰伯は祖先神ではないから祭るべきではないし、祭ったところで何の幸いもない。宋の儒者は泰伯を伯夷・叔斉に比するが、泰伯には子孫があるのにどうして比することができようか、というのである。「蕃衍」は多くさかんの意である。

なお、「皇国は千億万斯年に鞏し」と「儔す能はず。猗、盛んなる哉」の句は「礼儀類典序」にもみえているところからすると、可澄はこれによったかとも思われる。

蓋し（けだ）、世俗、画図及び文字を神社に献ず。以て之を掲ぐ。神宮、嘗て三譲の扁榜有り。今は則ち無し。是れ又、泰伯の天下に三譲する事に非ず。夫れ、天照大神は君王の始祖にして、其の子は忍穂耳尊（おしほみみのみこと）、其の子瓊瓊杵尊（ににぎのみこと）に至り、三世を歴（へ）る。降臨する時に及び、天照大神三種の神器を以て、譲授するの謂なり。和書は音訓を以て意を取り、漢書は文字を以て義を取る。是れ、則ち偏に文字に拘泥す。妄りに偏見を生じ、吾が知る所を以て勦説（しょうせつ）附会す。而して其の旨趣を知らず。且つ其の出雲に降臨せずして、筑紫の海浜に降臨す。俗人疑を生じ、測度多し。夫れ、神代は旺気を以て瑞を取り、神聖鴻基を開く。卜兆の致す所、宝祚の隆なること、天壌と与に窮まり無かるべしの神勅、以て徴すべし。今に居り、古を議すは、皆妄誕癡愚（ちぐ）の過なり。

日本書紀、新羅記を引きて曰く、神功皇后は海に浮かび新羅に至る。王、吾が旌旗器を見て、伏して曰く、伝へ聞くに東海に神国有りて日本と名づく。是れ其の神兵か。敵すべからざるなりと。乃ち素服（組）面縛（めんばく）、遂に降る。宋朝類苑に曰く、日本は神国なり。神道を奉ず。山州に賀茂明神有り。三五歳の童子に託して、降して禍福の事を言ふ。其の余群書、此等の語は、間に亦神国神道の文義を称すること多し。凡そ、衣食性命の本、其の風土違へば則ち生理を失ふ。漢土及び諸蕃、皆宍（しし）を食ふ。吾が朝の宍を禁ずるは神世の衣食なり。是れ、豈に泰伯の後ならんや。況んや本朝の縉紳（しんしん）家、博聞強記の人多し。而るに一に書する所無し。亦、其の妄を見るべきなり。（以上、五段目）

「画図及び文字」は絵馬であろう。かつて神宮には三譲の扁榜があったが今はなく、泰伯も三譲したわけではないという。神宮の三譲扁榜については『神道集成』にもみえているので後述するが、この辺りの記述は『神道集成』と類似する。「今に居り、古を議す」は徂徠学派をいうのであろうが、可澄はそれを批判しているのである。「勦説」は剽窃、「癡愚」はおろかの意である。

後段では「新羅記」や「宋朝類苑」を引きながら我が国が神国と認識されていたことを述べつつ、我が国の風土や慣習が漢土とは異なることに及んで、泰伯始祖説を批判する。ましてや我が国の縉紳家（公卿）には博聞強記の人は多いが、そのようなことは一切記録していないとして、その証しとしている。なお、新羅王の言は『日本書紀』の「神功皇后摂政前紀」にみえているが、「素服（組）面縛」は降伏のしるしとして白い綬をかけ、手を後ろに縛り前を向くの意である。

なお、人見卜幽に『宋朝類苑訓点』という著述があるが、後水尾天皇の命によって訓点を加えられたものという。

夫れ、吾が神道は将に以て性命の理に順はんとす。是を以て天の道を立て陰陽と曰ひ、地の道を立て柔剛と曰ひ、人の道を立て性心と曰ふ。法象、天地より大なるは莫し。懸象著明、日月より大なるは莫し。故に天照大神を以て日輪に配し、月読尊を以て月輪に配す。象を仰ぎ化徳を以て、教に従ひて情偽を正す。其の教、之を祓と謂ふ。而して之を行ふ。之を道と謂ふ。挙て之を天下の民に措く。之を事業と謂ふ。延て今日に及ぶ。万古不易、修て以て豊葦原中国と為し、人倫日に教法を用ふるなり。是の故に世質民淳、始に原き終を要め、以て己の質と為す。是れ、神国純粋の地、人物を産する所、実に神明の醇化、而して伊弉諾、伊弉冊、陰陽絪縕化育の致す所なり。凡そ人民と為して敬せざるべけんや。本朝の神明を拝せずして、異邦の鬼を慕ひ、身神国に生まれ、心夷狄と為る。憑虚（拠）架空、吾が国を誹謗す。実に神国の罪人なり。（以上、六段目。最末尾は前述）

易によって天の理を説き、それを神道にも応用し、我が国の歴史を述べるのであるが、とりわけ末尾（傍線部）には神道の探求による我が国への絶対の確信が見て取れようし、またそこには可澄が神道面から光圀の思いを継承した人物であることが明らかとなるのである。先に「王法の罪人」といい、また「神国の罪人」というのは当時の儒学を絶対視する思想界への批判であり、水戸学における純粋な神道探求の成果を示すものでもあろう。「憑虚」は何もない所にのりかかるの意である。

末尾に述べた「博雅の君子、冀くは明証せられんことを」という願いの一端は、やがて幽谷学派によって達成されるが、それは後述に委ねることとしよう。

二　安積澹泊と林羅山の泰伯論

安積澹泊の「寒川辰清の問に答ふ」という文章に泰伯論にふれた一条がある（『澹泊史論』収録）。寒川辰清は号を海野といい、膳所の人である。その寒川が『鵞峰文集』（鵞峰林学士文集、元禄二年刊行）の巻六十三に収める「三員長に諭す」（寛文八年）という一文にみえる十か条の策問から数条の疑問を澹泊に問うたのであるが、その三条目が泰伯始祖論に関するものであった。ちなみに、三員長というのは国史舘で『本朝通鑑』の執筆に当った鵞峰の次男信篤・人見友元・坂井伯元のことである（長男春信は寛文六年に歿）。

中華の書に、或いは曰く、本朝は泰伯の後と為すと。然れども、神武の馭寓するは周の恵王に当たる。則ち上は泰伯と拒つること、三四百年為るべし。而るに本朝の開闢は神武より以前、天神地神七五の運、億万載に過ぐ。何ぞ泰伯の来るを待たんや。如何。

「中華の書に、我が国は泰伯の子孫であるとみえているという。そうだとすれば、神武天皇の御代は周の恵王の時に当たるが、それは泰伯の時代とは三四百年の距たりとなる。我が国の始まりは神武天皇より遡って神代以来億万歳のことであるから、どうして泰伯が来るのを待つ必要があろうか。どう思うか。」

というものである。これに対する澹泊の答えは、次の通りであった。

異域の人、我が気類に非ずして其の乱道に任す。本邦の人、倡えて此の説を為す者は宜しく叛臣と科を同じくすべし。鷲峰の論、亦善からざらんか。往時、東山僧円月、日本記を撰して、泰伯の後と為す。終に後醍醐の震怒に触れて、祖龍の烈火に罹り、譸張幻と為る。王法の必ず誅する所なり。近年、難波の書生五井純禎論を著して以為く、宇宙万国、各々其の主有り。泰伯入て之が主と為ると。是、奪ふなり。聖人、豈に之を為さんか。亦頗る剴切痛快なり。

「他国の人は我が国の気性とは合わず、その乱れに任せている。我が国の人で、こういう説（泰伯始祖説）を唱えるものは謀反人と罪を同じくするものである。鷲峰の議論は善くないのではないか。かつて、東山の僧侶である円月が日本記を著して泰伯の子孫であるという説を為した。そうして終に後醍醐天皇の逆鱗にふれて焚書となり、欺き偽りは幻に終わったのである。我が国の道理は必ずこれを罰するのである。近年、難波の五井純禎（号は蘭州）がいうには、宇宙万国にはそれぞれ主がいる。泰伯が入ってその主と為ったのだと。これは泰伯説を換骨奪胎したものである。聖人がどうしてこれを為すことがあろうか。誠に適切で痛快なことである。」

「王法の必ず誅する所」とする澹泊と「王法の罪人」と断言する可澄との間には全く同一の主張をみることができるが、それは澹泊が可澄の「泰伯論」に付記して「皇統は一たび立って万世に変わらない。神聖な神の道も至れり尽くせりであるのに、何の不足があって泰伯の後などと附会しようとするのか。我が国を捨てて彼に従うのは謀叛人である。可澄氏が泰伯論を著して邪説を反駁したのは実に痛快であり、筆誅を加えた者としての功績である」（吉田一徳博士の引用による）といっていることからしても、一致した前期水戸学の泰伯論排撃ということができよう。この澹泊の寒川への返答がいつごろのことか明らかではないけれども、恐らくは可澄の議論と大きく隔たる時期ではないであろう。

なお、寒川辰清には「日本の始祖は泰伯為らざるの論」という一文があり、泰伯始祖論を否定していたことは明らかであるから、澹泊の回答に我が意を得たりとの思いを強くしたことであろう。

また、澹泊と同時期に水戸に仕えていた三宅観瀾（みやけかんらん）の『中興鑑言打聞（うちぎき）』に「漢書を講じて事とするものは、大事の日本の御系図を推し策て、西土の呉から出たる者なりなど申す。我神聖を侮るの罪いかばかりぞや」とみえていることは、観瀾の泰伯始祖説への批判ということになろう。

○

続いて『神道集成』をみてみよう。この神道書は義公光圀の命によって今井有順が中心となって編纂した書物であるが、今井の門人である津田信貞や丸山可澄が継続して校訂にあたり、享保年間に一応の完成をみた。神道書であれば我が国の始原に言及しないはずはないが、果たして泰伯説に関する記載は存在したのか。それは巻第二の弁部冒頭にあった。「宗廟社稷弁（そうびょうしゃしょくのべん）」との表題のもとに次のように記載がみられるのである（意訳）。

ある人がいうには、世の伝えに、内宮は泰伯の廟である。むかし、宮前に三譲の額が掲げられていたと。またいうには、泰伯は姫姓である。だから、我が国では女子を尊んで姫と称したが、かつ呉服や呉器の名にもある。これがその明証であると。これによって考えてみると、いわゆる外宮がどうして后稷の廟でなければならないことがあろうか。后稷は泰伯の出自するところである。また聞くところ、豊受は五穀豊穣の謂いである。これによって考えてみると、后稷の廟があることを疑うものはいない。どうしてニニギノミコトが同じ殿に祭られることにより、合わせてこれを宗廟后稷と謂うことができようか。いや、そうではない。考えてみれば、書を能くする者は文字を写し、これを神前に奉納することは古来の習俗である。いわゆる三譲の額は今どこに在るのか。もしその額が今に在れば、どうしてみだりにこれを証として牽強付会して泰伯とすることができようか。ましてやその言があってもその物は無いのではないか。

女子を尊んで姫（この訓はヒメ）と称する者は我が国の上古の詞である。その字義が類似であるから用いたまでである。必ずしも姫の姓によって称したのではない。いわゆる呉服は、むかし応神帝の時、呉国より工女が来て、その織物が大変美しかった。だからおよそ絹帛と称したのである。呉服というのはこれに由るのである。いわゆる呉器は五器のことである。古来、食器というものは五箇を以て一具としたのであって、今日、呉器というのは妖妄の説である。最近の儒者は牽強付会によって我が国を軽んじているが、その造言の罪は逃れ得るものではなく厳しく戒められるべきである。

考えてみると、外宮と称し、宗廟社稷と為すものは、国常立尊、すなわち天照大神の出自するところで、万世にわたって変わらない始祖であって宗廟の神とするものである。さらに開闢の元の神であり、社の神とすることは明らかなのである。鎮座本紀にも、天地のはじめの時、大海中に一物があってその形は葦牙（あしかび）のようだった。それが神人となり、アメノミナカヌシノ神と号したので、豊葦原瑞穂国といい、また豊受皇大神という、とみえている。考えてみると、受の読みは食（この訓はウケ）であり、食稲魂（この訓はウケノミタマ）、保食神（この訓はウケモチノカミ）などと同じである。これによって考えると、稷神とするのは確実であり、我が子孫が腐儒の誤った誕生説を信じないことを祈る。

神道の探求によって得た我が国の始原は確乎不動のものであったといってよいであろう。恐らく可澄の校訂による結果が含まれているのであろうから、「泰伯論」との類似の主張がみられるのは当然のことであるが、可澄は歿する前年の享保十六年（一七三一）に『神道集成』にこの一編を加えている（八十一歳の高齢で歿した）。

○

ここで、振り返って林羅山の「神武天皇論」を確認しておこう。それは羅山の主張をもっとも明確にするものだからである。羅山は「倭賦（やまとふ）」の冒頭でも泰伯にふれているが、それまでの伝承を参照して「神武天皇論」を著わしたのであろう。冒頭の一節はすでに引いたので、その後から一部原文を掲げながら概要を紹介してみよう。

余、竊かに円月が意を惟ふに、按ずるに、諸書、日本を以て呉の太伯の後と為す。夫れ太伯は荊蠻に逃れ、髪を断ち、身を文り、交龍と共に居る。其の子孫筑紫に来る。想ふに必ず時の人は以て神と為さん。是れ天孫日向高千穂の峰に降るの謂ひか。当時、国人疑ひて之を拒む者、或いは之有るか。是れ、大己貴の神順ひ服せざるの謂ひか。其の交龍と雑り居るを以ての故に、海神交会の説有るか。其の斎き持て来る所の者、或いは墳典・索丘・蝌斗の文字有るか。故に天書・神書・龍書の説有るか。其の三たび天下を譲るを以ての故に、遂に三譲の両字を以て伊勢皇太神宮に掲るか。其の牽合附会、此の如しと雖も、其の理有るに似たり。

円月のいうところをいろいろと好意的に推察して、牽強付会とはいいつつもその理があるように解釈している様が見て取れる。朱子とは異なり、三譲を三たび譲るの意に捉えている。「墳典」は三墳五典、「索丘」は八索九丘のことで古典をいう。「蝌斗」はおたまじゃくしのことである。

夫れ天孫、誠に若し所謂天神の子為らば、何ぞ畿邦に降らずして西鄙蕞爾の僻地に来たるや。何ぞ早く中州の善国に都せずして、瓊杵彦火鸕草の三世日向に居て没するや。神武四十五歳にして東征、安芸国に到り、明年吉備国に入る。三年に及ぶ比、舟楫を修して兵食を聚む。其の後河内国に至り、長髄彦と大に孔舍衛坂に戦ふ。既にして克つことを獲、遂に長髄彦を殺し、大倭国に入り、橿原宮を建つ。且つ夫れ神武の雄略を以て、其の難きこと此の如きは又何ぞや。天孫の大己貴有るに、神武の長髄彦有るに、或いは相拒ぎ、或いは相戦ふ。是亦、恠しむべし。想ふに、其の大己貴、長髄彦は我が邦古昔の酋長にして、神武は代りて立つひとか。嗚呼、姫氏の孫子は

> 本支百世、萬世に至りて君為るべし。亦、盛んならずや。彼の強大の呉、越に滅ぼさると雖も、我が邦の宝祚は天地と窮まり無し。余、是に於いて愈々（いよいよ）太伯の至徳為るを信ずるなり。設使（たとひ）円月、復（ま）た生るとも余が言を何（いか）が謂はんや。

天孫降臨と神武東征についての見解は儒教的合理主義による懐疑であり、その結論が「怪しむべし」であろうし、後半部分はやはり泰伯始祖説への親近感の表明といえよう。泰伯が至徳であることとその泰伯を我が国の始祖あるいは始祖であるかのように考えることとは全く異なる問題なのであるが、それを関連付けた叙述となっているのである。「蕞爾（さいじ）」は小さいさまの意である。

以上の前段の叙述内容は円月の主張の解釈と神武東征論ということができるが、「神武天皇論」とはいうものの神武天皇に関する言及はこの箇所のみである。後段は問答体の叙述形態によって論を進めているが、泰伯論を展開しており、全体としては「神武天皇論」というよりは「泰伯論」とすべきであろう。

以下は後段であるが、三点を論じている。第一点は次のような問題である（意訳）。

> 我が国では八咫（やた）の鏡、草薙（くさなぎ）の剣、八坂瓊（やさかに）を三種の神器とするが、それは神が宇内を統御する時から三器がある。これは天成のものであり、歴代の天皇は宝としてきた。今、あなたのいう通りであれば、これらもまた異邦の宝器であって人為によるものなのか。どうであろうか。

羅山の答えは次の通りである。

> 泰伯が逃れようとした時、どうして器物を携えていくことができたであろうか。その祖先である

公劉（こうりゅう）は出立の際には干戈を掲げて儀礼を執り行ったのであるから、どうして祖先の法を継承しないことがあろうか。ただ、天下を譲ったのみである。思うに、泰伯が血気にはやった意味のない行いをすることがあろうか。いわゆる正しい儀式を考えるべきである。呉でいえば季札の剣や夫差の属鏤（しょくる）の類があり、周に伝えられているものでは赤刀、大訓、弘璧、琬琰の類がある。それらは古の天子が分かち与えられたものである。だから、泰伯がどうして玉器を信じないことがあろうか。そうであれば、三種の神器は赤刀、弘璧、瑞玉のようなものではないか。もし、天成や人為を論ずるのであれば、形がある上位のものを道といい、形がある下位のものを器というのであろう。天人一体である道と器には間がないのである。だから、理があれば物があり、物があれば形があり、形があれば器がある。そうして物が成るのであるが、それは自然に基づくのである。それは例えば牛鼻や馬首につける飾りのようなものである。人は皆、人の手によることは知っていても牛馬によることは知らない。三種の神器もまたこのようなものである。三種の神器ばかりではなく、聖人によるものも皆このようなものである。どうして怪しむことがあろうか。

同時に、わたしはかつて神書の意味するところを考えてみた。それは三種の神器が三徳であり、人心の三つの面、すなわち智が鏡であり、仁が璽であり、勇が剣ではないかということである。三器は神であり、三徳は心であり、心は神明の舎である。これは一つで三つであり、三つで一つなのであり、未だ嘗て始めて異なるところはないのである。考えてみると、神は器を借りて形となり、心は物によって対応する。天と人との間は微妙なるものなのだ。どうしてわずかなことで距てることができようか。人の上に立ち三徳によって国家を治めれば、永く三種の神器を保つことができる。もし、徳を捨てて器を取るのであれば、それは末である。古の神書を読む人は知っていても物言わず、今の神書を読む人は偽りを知らないから、わたしは少々これを論じたのである。ただ、これだけである。

第二の論点は次の通りである。

三器についてはすでに説明を聞いたが、またあなたは言っている。泰伯は蛟龍とともに居たので海神との交流の説話がある。女登が炎帝を生み、劉媼が高祖を産んだというのはその例である。また赤電、大虹、玄鳥などの祥瑞は歴史家の記すところであり、また先儒の論ずるところであるが、みな捨て去るべきであるのか。どうだろうか。

羅山の答えは次の通りである。

誠にそうである。天地の始めにはいまだ人間が存在しなかったので、人間は変化して生じたのである。これは天地の気によって生じたものだから、気が化し、形が化すということがある。鳳凰や神龍の誕生は衆生や禽獣とは異なる。物がそうである時、神聖なる物の誕生は必ず人間とは異なるものであろう。これは理の変化とはいうものの絶無と言うべきではない。今、わたしが言うのはこれではない。ただ、泰伯について述べたまでである。

第三の論点は次の通りである。

『晋書』には、日本が夏后少康（夏の皇帝）の末裔であるとみえているが、考えてみると少康の庶子が会稽に至り、当地の風俗と交わり越国となった。これによると、呉越ともに我が国とは近く、往来が容易なので泰伯の子孫となり、少康の子孫となったのであろうか。それはいまだ知るよしもない。あなたがこれによって、我が国が泰伯や夏后の子孫とするのであれば必ず円月と同じく罪を得るのではないか。そうではなく、ただ『日本紀』によって我が国の固有の神を敬えば、そんなことにはならないのではないか。

このような意見に対して、羅山は次のように答えて論を閉じるのである。

その意見は当然である。泰伯のことは古人が多く唱えているのであって、わたしがはじめて言ったわけではない。少康のことは『晋書』の一説に拠っているが、遠い昔のことであり、詳細は知り得べくもない。わたしは遙か後の世に生まれ、くどくどと述べてここに至った。あなたがわたしに反駁するのは全く問題ない。そうはいうものの、門人で論ずるもの、朝廷で論ずるものがあり、そして古人も、みな論じている。孔子が『春秋』を作る時には周暦法に拠り、顔子には夏の暦法を用いることを語ったが、公私ともに道は実践され、背くことはなかった。もし、わたしに『日本紀』を読ませても、どうして我が国の固有の神だけを敬うことをしようか。

以上が羅山の「神武天皇論」の概要であるが、可澄の「泰伯論」と比べると、明らかに羅山は儒学的であり、可澄は神道的であることが窺われよう。それは革命論の肯定と否定という相反する認識としても表れてくるのである。

後述するが、この羅山の思想が鵞峰にも受け継がれていることは明らかであろう。鵞峰が泰伯始祖論を抱いていたことは、先にふれた寒川の澹泊への質問からも窺えるからである。

三　安藤年山が伝える泰伯論

国学者として知られる安藤年山の『年山打聞』に「神州恐委呉」（神州恐らくは呉に委せん）という一条がある。『年山打聞』は主著である『年山紀聞』からの抄出ともいわれているが、この一条は文化元年（一八〇四）の刊行本『年山紀聞』には収められていない。しかしながら、元々この一条が『年山紀聞』に収められていたことは確かであり、また内容のすべてが疑わしいかというと必ずしもそうとは言い切れず、却って真相が述べられているとみることもできる。少なくとも林家の思想には、それを生み出す背景をみることができるであろう。ともかく、この一条には義公光圀の泰伯始祖説に対する考え方（それは周囲の史臣からみたものではあるけれども）が窺えるので検討に値するであろう。

この一条の著作年代は、光圀薨去の元禄十三年（一七〇〇）から『大日本史』命名（「史記御編集」との本文中の表記からこれ以前とする、年山の歿年は享保元年）の正徳五年（一七一五）までの十五年間の作と推定されているが、そうすると丸山可澄の「泰伯論」よりは以前の成立となる。可澄がこの一条を閲覧する機会があったかどうか分からないが、記述内容を少しく検討してみよう。

巌有公の御治世（年月忘れたり慥に聞合すべし）西山公宰相中将にものしたまひける比、尾州公（光友卿）紀州公（光貞卿）と共に、朔日（年月可尋）御登城ましまし御対面御よろこひ申をはりて御休所に退きたまひたる時、執政のいしいし本朝通鑑全部をもたせ参られて、此書成功し侍まゝ梓行の命を下すべきよしの御事につけて各位へ知らせ奉るべきとの上意にさふらふと申されければ、おのおの珍重のよし御しきたひ有けりとはかりして、西山公一二巻を電覧ましましたれば、本朝の始祖は呉太伯の胤なるよし書たるにおどろきたまひて、そもそもこれはいかなる狂惑の所為ぞや、後漢書以下に日本を姫姓のよししるしたるは、往昔吾国亡命のもの、あるは文盲の輩などかしこに渡りて杜撰（ずさん）の物語せしを、彼方のものはまことにさなむと心得て書伝へたるなり、吾国にはおのづから日本紀・古事記等の正史あり、それにそむきて外策志伝によりて神皇の統をけがさんとす、甚だかなしむべし、むかし後醍醐帝の御時にや、魔僧ありて此流の説を書しをも制禁ましまして其書を焚すてられしとかや承る、かの厩戸（うまやど）皇子の比は、学問未熟にありしすら日出処天子日没処皇帝と書て同等に抗衡せられしぞかし、呉の太伯の裔といはゞ、神州の大宝長く外国の附庸（ふよう）をまぬかれがたからん、されば、此書は吾国の醜を万代に残すといふべし、はやく林氏に命じて、此魔説を削りて、正史のまゝに改正せらるべし、さは侍らぬかと宣へば、尾紀の両君もうなづかせたまひ、執政の人々も西山公の御確論に伏せられて梓行をとどめられ侍りぬ、

以上が前段であるが、箇条書き的にまとめてみると次のようになろう。

①厳有公（四代将軍家綱）の時、尾州侯と紀州侯とともに登城した際に、刊行されるという『本朝通鑑』をみて、珍重すべき意見があったが、光圀は泰伯始祖説が記されているのを難じた。

②その理由として、『後漢書』以下の書に姫姓がみえるのはかつて亡命した者や文盲の者が伝えた杜

撰の物語によるところである。我が国には『日本紀』や『古事記』等の正史があり、これによらないのは神皇の統を汚すもので悲しむべきことである。

③さらに、後醍醐天皇の時に魔僧（円月のこと）があり、この説を記した書を禁止して焼却されたと聞いている。厩戸皇子（聖徳太子のこと）のころは学問未熟ではあったが、対等の外交を展開された。泰伯の子孫とすれば我が国が外国の影響下にある小国（属国）というのを免れないから、この書（『本朝通鑑』のこと）が醜態を永久に残すことになる。

④だから、早く林氏に命じてこの説を削除し正史によって改めさせるべきであるといわれたら、両侯も納得され、ついに刊行が止められた。

右の逸事は当然のこととして寛文十年（一六七〇）の『本朝通鑑』献上以前と推定されるが、それはまさに厳有公の治世となる。この記事の成立時期（元禄十三年から正徳五年）からすると三、四十年後に記されたものとなるが、年山が光圀に仕えたのは『本朝通鑑』完成後十四、五年のことであるから、信任篤い史臣ではあったけれども後世の風聞によったものとしなければならないだろう。

先に寛文六年（一六六六）の「新刊東国通鑑の序」に泰伯始祖説がみえていたことにふれたが（そのことは当然のこととして光圀は承知していたが、修訂を命じなかったのは鵞峰の文章を尊重したからであろうか。なお、『東国通鑑』は寛文七年に光圀によって刊行されたが、序はその経緯にもふれている）、寛文九年（一六六九）に書かれた『本朝通鑑』前編（神代三巻）の跋には、神国の源を尋ね、皇胤の正統を崇めるので泰伯のことは異域の伝承であるから今はこれを採用しないとみえるので、献上本には泰伯始祖説が採用されていなかったと思われる。ただ寛文六年から九年までの間に何らかの応答があり、その結果が跋文に表れているとの想定は可能であろう。文中に「年月忘れたり慥に聞合すへし」「年月可尋」との注記からは年山も詳細を確認できなかったということが窺えるであろう。

なお、この前段は立原翠軒が編する『西山遺聞』にもみえており、後述する小宮山楓軒の『水戸義公年譜』や藤田幽谷の『修史始末』の記事と同様に典拠は『年山紀聞』である。したがって、この一条が元来は『年山紀聞』に含まれていたことは明らかといわなければならないのである。翠軒を中心とする寛政期は光圀回顧の気運の旺盛な時期であり、その中でこの一条が尊重されたのであろう。

続いて、後段を掲げよう。

されば西山公薨去の比、彰考館の一松拙、字は又之進といへる老儒奉悼の古調に
泰山、未だ敢へて頽れず、公、其れ已んぬるかな。天、絶代の号を縦にす。
文武苟も誣せず。史を編みて鼎を両立す。心、觚觚ならざるに在り。
力て万牛を挽くにあらずんば、神州恐らくは呉に委せん。殉を止めて仁世を被ふ。
子を易へて義吾に自す。礼を質して韓使を泣かしめ、道を崇びて之瑜を感ぜしむ。
誰れか車に膏さし、誰れか馬に秣はん。仙遊寂として黄墟に帰す。
陰、噎々として日色を喪す。雨、蕭々として花不を脱す
西山千嶽の蕨、手を拳めて哀んで吁するが如し。西山一渓の水、
声を呑んで哭して呼ぶが如し。孔孟は礼義の鑑、稷契は国家の枢、

鑑毀れて醜女誇り、枢朽て夜盗覦ふ。嗚呼西山の月、鑑を鎔るの模と為すべし。嗚呼西山の樹、枢を作すの図と為すべし。千載蒼蒼たり筑波の翠、公、其れ存するか其れ没するか。

為章按ずるに、天縦絶代号とは寛文帝（今の仙洞）の御製の詞書に見えたり、編史とは史記御編集の事、止殉は御父源威公薨後にはじめて殉死を止めたまひ、大樹公へも其よしうたへ申させたまひしより天下の殉死をも御禁制はありける、易子は御兄讃州君の御子を養ひて水戸の御家督を譲りたまふ事、泣韓使とは天和二年朝鮮使の参りし時の事、感之瑜は舜水先生を招て師弟とならせたまふ事なるべし、さてもかの弘文院学士林春斎以下諸儒の編れたる通鑑には、本文にても註にても、いかなる議論にては呉裔のよしをしるされ侍りけん、いとも不審にて侍る、西山公の御教訓の如くにあらためられしにや、其後今に至るまで沙汰侍らぬぞ、心もとなくおぼえ侍る、もし其まゝ秘めおかれて後世にも伝はらば、朝家あるひは大樹家より又焚焼し給はんは必定なるべし

一松拙は史館編修として多くの草稿を書いた史臣である。拙は諱、通称を又之進といった人で、貞享元年（一六八四）三十二歳の時水戸に仕え、享保十年（一七二五）七十三歳で歿した。西山に近侍したこともあるから、あるいは光圀の直話によったところがあるかもしれないが、この逸事を信じたからこそ薨去に際して追悼の古詩に詠み込んだのであろうし、年山もまた同様だったわけである。

年山（為章は諱）の註釈に蛇足を加えると、「寛文帝の御製」は『常山文集』はじめ『桃源遺事』巻二や『年山紀聞』巻三にみえており、寛文帝は霊元天皇のことであるが、その発端は光圀が「鳳足硯銘

并序」という一文を奉呈したことに対して宸筆を下され、その末尾に記された、

つたへゆく硯のいしのよはひもて世々に残らむ言葉（ことのは）ぞこれ

という一首のことである。光圀はこの宸筆の一句「備武兼文絶代名士」を刻印したという。なお、「天縦」はうまれつきの意で、「西山遺事敍」に「天縦之才」、藤田幽谷『二連異称（にれんいしょう）』の水戸義公の項の按文にも「天縦命世之才」とみえている。「大樹公」は将軍をさす。「止殉」は父威公の薨去に際して家臣の殉死を止め、それは天下にも及ぼされたこと、「易子」は兄の子を養子として家督を譲ったことをいう。

「泣韓使」は『桃源遺事』や『水戸義公行実』によると、天和二年に朝鮮使三名が江戸に来た時、光圀は禽獣・草木・国字等について尋ねると、目録とともに贈り物が届けられた。その目録の形式が礼を失していたので、中村顧言をして問わしめるも返答がなかったので宗氏を通じて再度申し入れた。その後、光圀は書簡とともに白金三百両を贈ったが三名の使は辞退した。復書は礼儀に則り、前の過ちを謝ろうとしたが、再度の使いは例がないとして送らなかった。三名の使が宗対馬守を通じて復書してきたので、光圀は再び書簡を送った。三名の使が帰国に当たり神奈川駅に宿した時、贈り物を添えて詩三首を賦して送ったところ、三名の使はこれに応じて返納の品とともに詩を賦して謝意を伝えたというのが韓使を泣かしめた事情である。朱舜水を師と仰いだことは、その墓が瑞龍に存することを指摘すれば十分であろう。

その後にみえる『本朝通鑑』の泰伯始祖説には為章自ら不審を表明しているが、その後の状況につ

いては承知しなかったようである。西山公の教訓の通りに改められたのであろうか、その後の事情は分からないとし、焼却も当然のことであろうとするのである。

○

年山が伝える風聞は湯浅元禎『常山楼筆余』巻一の冒頭にもみえているので、掲げておこう。

吾日本の祖は呉の太伯の末なりといふ事もと晋書に載せたり。太伯の日本に来りたまはざる事は論を俟たず。然るに林春斎東国通鑑の序を著して、泰伯至徳而基我王迹といはれし事無稽の甚しき、日本の帝祖を誣と謂ふべし。神皇正統記に昔日本は三韓と同種なりといふ書の有けるを、桓武天皇の御時に焚(やか)れし由見えたり。

ところで、光圀は梅里と号し、自らの墓石の裏面に彫った文章が「梅里先生碑陰並びに銘」であることはよく知られている。この梅里というのは泰伯が住んだという地名であり、また水戸邸の庭には伯夷・叔斉を祀った夷斉堂（得仁堂のことか）と泰伯を祀った至徳堂があったというのであるから、光圀が泰伯を尊崇していたことは明らかであり、泰伯の生き方に深く学ぶところがあったとしてよいのである。

そこで『史記』の「呉太伯世家」によって泰伯の伝を確認しておこう。泰伯が至徳の人であり、荊蛮の地に逃れて三たび天下を譲ったことについてはすでに紹介したが、次の事情が光圀をさらなる泰伯尊崇に導いたのではないかと思われるからである。『史記評林』によって「呉太伯世家」の一節を掲げてみよう。

呉の太伯、太伯の弟仲雍、皆周の太王の子にして、而して王季歴の兄なり。季歴賢にして、而して聖子昌あり。太王、季歴を立て以て昌に及ぼさんと欲す。是に於て太伯・仲雍の二人乃ち荊蛮に犇る。身を文り、髪を断ち、用ゆべからざるを示して、以て季歴を避く。季歴果たして立つ。是を王季と為し、而して昌を文王と為す。太伯の荊蛮に犇り、自ら勾呉と号す。荊蛮之を義とす。従ひて之に帰すもの千余家、立てて呉の太伯と為す。太伯卒す。子無し。弟仲雍立つ。之を呉の仲雍と為す。

『史記評林』に引く索隠（『史記』の註釈）には「荊は楚の旧号、州を以て之を言へば荊と曰ふ。蛮は閩なり。南夷の名、蛮も亦越と称す」とあり、「楚越の界に在り。故に荊蛮と称す」とみえているところからすると、野蛮の人の住む地の意ではないことが知られる。

年山の伝えによれば、光圀は泰伯が我が国の始祖とする説を批難したわけであるが、「本朝の史記」を編纂しようとする意図からすれば当然のこととしてよいと思われる。

なお、後年藤田幽谷は『二連異称』に、

公の学に志すは伯夷伝を読むより始む。而して終身、呉の泰伯の人と為りを慕ふ。自ら号して梅里と曰ふ。（按ずるに、史記正義に曰く、太伯は梅里に居る。常州無錫に在り。東南に去ること六十里。公の封域は亦常州に在り。）

と述べて光圀の泰伯への敬慕に留意している。

これを要するに、光圀にとって泰伯を敬慕することと泰伯を我が国の始祖とすることは全くの別次元の問題だったということなのである。

○

『年山紀聞』の刊行本には寛政十一年（一七九九）己未春三月付の小宮山楓軒の序（書は吉田尚典、尚典は後述する吉田活堂の父。他に伴蒿蹊の序が付されている）があり、享和三年（一八〇三）八月付の橘経亮の跋を付して文化元年（一八〇四）に刊行されたが、先述のようにこの本には「神州恐委呉」という一条が含まれていない。楓軒は刊行に際して旧を存して改めることはしなかったと序に記していることから、この一条が含まれていないことが謎とされてきたのである。そこで、刊行に際して何らかの事情で省かれたのではないか、あるいは刊行本の原本がもともとの楓軒本と異なっていたのではないか、などの臆測が生じたわけである。

少なくとも、異なる原本が存在したことは認められることになるのであるが、ここで一つの疑問を提示しておきたいと思う。

それは、楓軒によって編纂された『水戸義公年譜』の寛文十年（一六七〇）の条に次のような記述がみられることである。寛文十年は『本朝通鑑』献上の年であるから、それにからめたのであろう。

> 是の歳、公及び尾張侯・紀伊侯幕府に朝す。会、弘文院林恕本朝通鑑を上り、上木を請ふ。公、数紙を翻閲し、日本の始祖は呉泰伯の後なりを読み、大いに駭きて曰く、此の説後漢書等に出づ。

彼の伝聞の訛にして、我が正史の載せざる所なり。昔、後醍醐帝の時、妖僧此の説を持する有り。詔して其の書を焚かしむ。今や天下文明にして、遠く昔時を超ゆ。而れども、此の説をして一たび行はしめば、則ち我が神州の大宝、永く外国の附庸(ふよう)と為らん。是れ、歎ずべきなりと。尾張侯・紀伊侯以下、其の遠識に服し、遂に其の刊行を止む。

楓軒は典拠として『年山紀聞』を注記しているのであるから、いうまでもなく「神州恐委呉」の漢訳なのである。しかも『水戸義公年譜』という半ば公の書物といってもよいものに、典拠のない記述をするはずはあるまいと思われるのである。ただ『水戸義公年譜』の一応の成立は文化四年（一八〇七）以前であることは確かであり、さらに文公が就藩した寛政二年（一七九〇）から三年にかけての時期に上呈されたということをふまえれば、これ以前に草稿は出来ていたとしてよい。そうとすれば、『水戸義公年譜』の執筆時において楓軒が参照した『年山紀聞』（『年山打聞』ではない）にこの一条が含まれていたことは明らかであり、また旧を存して改めないとした寛政十一年の序文執筆時においても同様としてよいから、少なくとも刊行時に楓軒の意志によって省かれた可能性はないであろう。考えられることは、何らかの手違いによるということくらいであろうか。謎は依然として謎である。

四　藤田幽谷と吉田活堂の泰伯論

丸山可澄が「泰伯論」の末尾に記した「博雅の君子」による「明証」の期待は、やがて後期水戸学の人々によっても探求されることとなった。その端緒は藤田幽谷である。幽谷は義公光圀の精神を復活させて後期水戸学を興した人物と位置づけられるが、寛政九年（一七九七）二十四歳の時に脱稿した『修史始末』において光圀の泰伯論批難を叙述した。それは『年山紀聞』によったものであり、同書の寛文十年の条にみえている。この条は同書の三条目にあたるが、「是より先、弘文院学士林恕、教を奉じて本朝通鑑を撰す。是の夏に至りて書成り、幕府に献ず」と書き出し、割注には『鵞峰文集』を掲げ、撰進の詳細を記した後に次のように記している。

公、尾・紀二公と月朔（げっさく）を以て幕府に朝謁す。適（たまたま）、国老旨を稟（う）け、将に通鑑を梓人に授けんとするに会し、先に諸公に奉示す。諸公、皆修撰の効績を賀す。公、偶（たまたま）一二巻を繙閲し、其の日本の始祖は呉太伯の胤と曰ふに至り、愕然として巻を廃（す）てて曰く、是れ何の言ひぞや。異邦の書の如し。或いは天朝を称して姫（き）姓と為すは、全く伝聞の訛に出で、憑拠（ひょうきょ）に足るなし。後醍醐帝の時、一妖僧有り。書を著して此の説を持するに、詔して其の書を焚（や）かしむ。夫れ、本朝自ら国史有りて詳に帝皇の迹を記す。なんすれぞ、此を舎（す）て彼を取る。以て神明の統を汚さんか。古は天朝、聘を西土に通じ、日出る処の天子、日没する処の天子、称謂敵国の礼を用ゆ。称して勾呉の後と曰ふが如きは、則ち神州の大宝、異域の附庸為るを免れず。豈に悲しまざらんや。方今、文明の運、遠く前古を邁す。而して教を下し、国書を修するに、此の無稽の説を采（と）り、諸（これ）を天下に播（し）く。亦、醜を万代に遺さんか。愚、謂へらく、宜しく速かに林氏に命じ、以て刊正を加ふべし。諸君、以て如何と為すと。二公及び諸老、皆公の確言に服す。是に於いて、遂に梓行の命を停（とど）む。後、

> 公薨ずるに及び、史臣一松拙、詩を作り之を悼みて、云へる有り。史を編して鼎を両立す。心、觚は觚ならざる在り。力めて万牛を挽くに非ずんば、神州、恐らくは呉に委せんと。此の事の謂ひなり。

この記述は註記されているように今日『年山打聞』で確認できる一条によったものであり、その漢訳なのである。従って刊行本『年山紀聞』にはこの一条がみえていないけれども、幽谷の参照本には存在したわけである。当然のこととして『修史始末』を著した時点で『年山紀聞』は刊行されていないから、刊行本の原本ではない写本によったはずである（なお、『二連異称』の附録「藤衣」にみえる伊藤仁斎の歌が『年山紀聞』によるところからすると寛政四年の時点で『紀聞』を閲覧していたはずである）。いずれにしても幽谷はこの逸事が修史事情をまとめるに際して、採用に価するものと考えたわけであるが、またそれは光圀の一側面を後世に伝える役割をも果たすことになったのである。「觚の觚ならざる」は『論語』によるが、名ばかりで実のないことの意である。

さらに、幽谷は『修史始末』を脱稿するほぼ二ヶ月ほど前に「校正局諸学士に与ふるの書」という献策を呈しているが、その中に『大日本史』の書名を不可とした理由の二つめに光圀の泰伯始祖説批判を援用している。その箇所は以下の通りである。

> 嘗て聞く、後醍醐帝の世、釈円月、日本史を作りて、呉の太伯を以て始祖となし、その書を朝に献ずるや、詔してこれを焚棄せしむと。中世以降、史官、職を失ふといへども、然れども方外の徒、私に国史を作るは、すでにそのよろしきにあらず。況んやその太伯を祖とするの説は誣妄に

して、神明の統を汚し、尤も義公の深く憤りてこれを痛斥するところのものなるをや。豈にまたその私造の名を襲ふべけんや。

この記述も『修史始末』に注記される『年山紀聞』によるのであろうが、光圀の憤激と痛斥を述べたのであるから『修史始末』の記述の序論といってもよいであろう。「方外の徒」は僧侶のことであるが、泰伯始祖説が「神明の統を汚」すというところには可澄の神道に連なるものをみることができよう。このような幽谷の思いは門人の吉田活堂にも及ぶのであるが、それを述べる前に可澄の認識とも通ずる具体例を紹介しておこう。

すでに紹介したが、可澄の「泰伯論」の一節（六段目、七六頁参照）は幽谷と通ずるものが認められる。それは「天文志序」に次のような箇所がみえているからである。現代語訳とともに掲げよう。

天、象を垂れ、聖人之に則る。大にして人文を修め、以て天下を治む。君臣上下の分、礼楽制度の数、皆天の明に則る所以なり。夫れ、天象昭著、万古一の如く、日月逓炤、列星随旋し、秩然として紀あり、燦然として章を為す。而して陰陽の運、至神測られず。聖人は庶物に首出し、群類を統理し、仰いで観、俯して察し、法を取らざるなし。而して惟天を大となす。故に道の大原は天に出づ。天は変ぜず。道も変せず。帝王相承け、天胤にあらざるなし。而して神明の統之を日嗣といふ。蓋し、これを太陽に象るなり。昔皇祖、明徳光輝、以て天下に臨む。天下これを称して天照大神と曰ふ。

「天はすべての現象を掌り、聖人はこれに則り、また大いに人文社会を修め、天下を治める。だから、君臣の間の上下の分や礼楽制度の数々は皆天に則るものである。このように天の現象は極めて昭らかで万世にわたっており、太陽や月の照らすところは明らかであり、列なる星は随（したが）いめぐり、整然と秩序を為しているのであって、陰陽の運行は神をもってしても測ることができない。聖人はあらゆるものの始めにおり、それを統率し、上下に観察し、正しい方法に拠らないことがない。ただ天を大なるものとなすのである。だから、道の大原は天から出でて、天も道も変わることがない。帝王はそれを代々受け継いでおられるから、天胤なのである。そうして神々に連なるものを日嗣というのである。考えてみると、これは太陽になぞらえられたものであり、昔天皇の祖先は徳を明らかにし、光り輝いて天下に臨まれたのである。天下ではこれを天照大神と称するのである。」

このように幽谷は我が国の始原を天文暦学の援用によって説明したのであるが、一見して「泰伯論」との類似を思わないわけにはいかないであろう。それは年山が伝えた光圀の泰伯始祖説の批判が、「泰伯論」や『神道集成』における批判とともに幽谷に継承されたことを意味しよう。幽谷の思いは子息東湖や門人吉田活堂に継承されるが、東湖は『弘道館記述義』下巻の「明倫正名以藩屏於国家」の条にその経緯を略述し、活堂は一書を著わしているのである。活堂は幽谷の女婿でもあり、国学者として知られる人物である。次に活堂の言及を紹介しよう。

○

吉田活堂、諱は令世（のりよ）、通称を平太郎といった。儒学的学風の水戸学派では国学に関心を寄せたユニークな人物である。国学的著述を多くものしているが、『史談歌話（しだんかわ）』という小著は若干異なった傾向を含んでいる。「奉問くさくさ」と題する部分がそれであるが、その中に泰伯の議論がみえるのである。まず、問文から掲げるが、「先便」「先達の御問」「御再問」などの語句からすれば、これ以前にも質問が存したはずである（なお、原文はカタカナ交じりであるがひらがな表記としている）。

皇胤を呉泰伯之子孫と申事云々、先便奉伺候処被仰下候義共御尤に承知仕候。乍去、当春菊池太郎と申儒者来候に付、此事談話仕候処、同人申候は国語、但呉語、置世子乎甬句東三国史、但呉志、我国王者呉太伯の末如□有之由、尤左両様共異称日本伝に出有之、熊沢氏も此日本伝を本にて被申候事やと申候べき、実に日本伝に有之候哉、尚亦御賢慮奉伺候

これに対する活堂の答文は長文であり、四条に及んでいる。以下、順次掲げることとしよう。

○答、先達の御問に熊沢氏が皇胤を呉太伯の後と申したる由何れの書に出たるや、と御申の所其儀覚不申候。但し皇胤を太伯之後と申事は司馬晋の史に始て見えたることにて、近来皇朝にて此説を唱へたるは、林鵞峯が本朝通鑑、木下順庵が太伯論（見錦里文集）などに見えたれども、皆附会の妄誕にて取に足らぬ由を、御答申候やと存候べき。然る所、菊池某と申儒生へ右の義御談合の所、菊池生国語三国の呉志等を引て御答申候由に付、又々我等へ御再問の趣御尤に候や。されども是は孤疑すべきことに非ず。恐くは菊池の説暗記の誤ならん。

熊沢氏の書というのはおそらく『三輪物語』のことであろう。また、『本朝通鑑』の泰伯論につい

てはすでにみたとおり疑義があるが、「木下順庵が太伯論」は注記の通り『錦里文集』に収められている。それは巻十七の「泰伯論」という一文であるが、末尾には次のようにみえている。

而て三譲の余慶、施て本朝に覃び、神風聖化、声教漸被して、至らざる所莫し。人皇の建極より来、二千有余歳、皇統緜緜、百を邁ぎ千を過ぎ、蓋載の際、万石の衆、未だ本朝の盛なるが若き者有らざるなり。此れ則ち至徳の化の沢の久うして大なる、其れまた何如ぞや。伝に曰く、盛徳は百世祀らると。嗟夫、太伯の徳沢前に蘊へて、後に旌はれ、彼に屈し、此に伸ぶ。而て扶桑出日の照、夫の陶唐氏の天に則とる者と、直に天地と相始終するなり。豈に翅百世にして已まんや。

傍線部に留意すれば、我が国の盛んなる歴史は泰伯の徳化よるというのであるから、順庵は明らかに泰伯の至徳の影響をみているのである。

○按に、三国志に皇朝のことを記したるは蜀志にて呉志には非ず。但し蜀志には我国王者呉太伯末と云文面はなし。晋書に始て皇胤を太伯之後と云こと見えたり。晋書九十七四夷列伝第六十七云、倭人在帯方東南大海中云云至魏時有三十国通好、戸有七万、男子無大小悉黥面文身、自謂太伯之後云云、松下西峰氏が異称日本伝にこれを出して論説あり。曰く謂太伯之後者、此為首出夫一犬吠虚千犬吠声従晋書此言出、後史多同然一辞何其不詳乎云云とありて、史記世家に呉太伯卒を無子によて、弟の仲雍が跡を嗣たれば、太伯の子孫は無はず也と云ひ、又釈円月が日本史を作て皇胤を呉太伯の後也と云ひしも、朝議ありて用ひられざりき。但し新撰姓氏録に松野氏ありて、此松野は呉王夫差が後にして、此呉人の我に来之始也。三国時我通呉、日本書紀曰、応神天皇三十七年春二月遣阿知使主都加使主於呉令求縫工女などあれば、此時より以前には呉人の来たるべきよしはあらじと云々、源親房の神皇正統記にも、皇胤を太伯之後と云は非ことなり、と云ひしことをも引き、一条桃花公の説などをも引て詳に論へり。見林が論はいと長ければ其のむねとあるべき所をつみて記しぬ。かくて漢土にては我皇胤は晋書に云へる如く、呉太伯の子孫なりとのみ思ひ居けるを、西土趙宋の時に此方の僧奝然が行たる時、宋の大祖これ召て日本は百王一姓也と云ことを聞て、大に嘆息してほめたることは宋史四百九十一に見え、宋の皇朝類苑に此方のことを云へるに、本国有国史、秘府略、日本紀、文観詞林、混元録等書と云ひて日本紀のあることを知り、明宋景濂が日東曲十首と云詩の注に、自開闢以日神子孫為王なども見えたれば、西土にても漸々日本の天照大御神の御末なることは知たるものなり。されば尤侗氏が外国竹（枝）詞にも日出の天皇称至尊とも作れり。

記述内容を確認しておこう。「史記世家」の記事は記述の引用を参照されたいが、「松下西峰氏が異称日本伝」には確かに『晋書』の引用がみえており、『声文私言』で活堂は「異称日本伝はいとよき書にて、皇国の学びする人はかならずよまずては有るべからぬもの也」と述べて、高く評価している。「松野氏」については、『新撰姓氏録』第二十三巻（右京諸蕃上）に「松野連」を説明して「呉王、夫差の後なり」あるいは「呉王、夫差より出づるなり」とみえている。『日本書紀』と『神皇正統記』の記述は確かに応神天皇の条で確認できる。「一条桃花公の説」は一条兼良『日本書紀纂疏』（否定説である)、「奝然」は活堂の『宇麻志美道』総論、明宋景濂の日東曲は可澄の「泰伯論」でふれられている。

また、可澄の「泰伯論」には「宋朝類苑に曰く、日本は神国なり、神道を奉ず」とあり、「本国国史、秘府略、日本紀、文観詞林、混元録等の書有り」云々は狩谷棭斎の『箋注倭名類聚抄』(文政十年)にもみえている。

○呉太伯の子孫と云ことは、見林が説の如く姓氏録に松野呉王夫差が後なりとあれば、是等より誤れるか。又古昔は度々呉に通ひたれば、西辺の愚民など、漢土へよく思はれむために、我国はもと呉より出たりと欺き云ひしにもあるべきか。晋書に自謂太伯之後なりとあるも、只彼方の書にこそあれ、此方には更に無きことなるをや。かくまで正しき皇統の伝はり玉ふことは古事記・日本書紀などに歴然たるを、いかでか我が正史を捨て外国の確證も無き浮説をば取べき。神皇正統記云、異朝の一書の中に日本は呉太伯が後也と云といへり。返々あたらぬこと也、昔日本は三韓と同種也と云ことの有し。彼書を桓武の御代に焼捨られしなり。天地開けて後素盞烏尊韓の地にいたり給きなど云事あれば、彼等の国々も神の苗裔ならむこと穴勝くるしみなきにや。それすら昔より用ひざる事也。天地神の御すゑなればなにしか代くだれる呉太伯が後には有べきといへり。

ここでは前段に述べたところの論評であるが、可澄の批判と同趣旨といえよう。傍線部に留意すれば、「自謂」は漢土の慣用句であるから必ずしも信用することはできないと思われるので活堂の述べるとおりといえよう。『晋書』伝来以後その記述が知られていたことはいうまでもあるまいが、円月が泰伯始祖説に言及するまで注目されることはなかった。そもそも円月の著にみえるということ自体が後世のものであり、実際に記述されていたかどうかは不明であるから尚更というべきであろう。『神皇正統記』に触発されたと思われる記述は、山鹿素行の『中朝事実』にもみえるので紹介しておこう。

或ひと疑ふ、中華は呉の泰伯の苗裔なり。故に神廟に三譲を掲げて以て額と為す。嘗て東山の僧円月（分註略）日本紀を修して以て泰伯が後と為す。朝儀協はずして遂にその書を焚く。大概中華の朝儀は多くは外国の制例に襲ると。否や。

との問いに対する答えは次の通りである。ここにいう「中華」は我が国を指す。

愚謂へらく、中華の始、旧紀に著はすところ疑ふべきなし。而して呉の泰伯を以て祖と為すものは、呉越一葦すべきに因り、俗書の虚声を吠えて、文字の禅、章句の儒、奇を好み空を彫るが致すところなり。夫れ、中華の万邦に精秀たるや、悉く神聖の知徳に出づ。故に国を神国と称す。

素行は羅山の『本朝神社考』（漢訳の『神皇正統記』を引用）なども参照しているから羅山の泰伯観を十分にふまえての記述であろう。

〇閩書一百四十六島夷志、日本古倭国在東海中、国君居山城以王為姓以尊為号、徐福齎五百童男女入海為秦始皇求仙、無所得、懼不敢帰、避居焉、今其裔也とあり。これにては又皇胤を秦の徐福が子孫なりといへり。いかなるたぶれごとぞや。更々に無ことなるをや。但し熊野に徐福が祠ありといへども、などかそれもたしかなる證とはせん。これらにても亦、晋書の妄説なることを知べきなり。凡そ西土の書に外国のことをかけるには、種々の誤り多くて、さらにさらに詳なることの知られぬことは、代々の歴史の外国伝などを見て、西洋の国々のことを彼是とまぎらはしく記たるにても知らるるわざなり。

『閩書』は明の何喬遠による撰で、かつて彰考館に所蔵されていたから恐らくはそれによったものであろう。ここでは皇胤の徐福子孫説を批難し、さらに『晋書』の批判に及んでいる。以上の四条には活堂の該博な知識を窺うことができるが、末尾には一文が付加されている。

右の外にも猶彼是と論あれども、大抵はこれにて疑を釈かるべし、凡人の性善なりとは申せども、大半平和なる方よりはすこしめづらしく新奇なることを、好むは、誰々も同しことなるが中に、各別の通儒などこそあらめ、尋常の読書生は、書を読もてゆくまにまにいよいよ奇癖なる方増りゆきて、何をかな、異説を唱へて、人の耳目を驚さんと、構ふるからに、内心には実は宜からぬ事と思ふことをも、故さらに云ひつよることもある也、是しかしながら、其人の不識文盲なるが致す所にして、大活眼の人より見れば、笑ふに堪へぬことどもならずや、木下順庵など名に聞えたる鴻儒なれども皇胤を呉の後なりと云妄説を甘じたるは、余りに、漢籍を好みよみて、つひにからだましひに成れる非より出たる躛言也、あなかし、なまとひそよ

文政十二年七月二日夜吉田令世ともしひのもとに子一ツはかりにしるしぬ

「躛言」はいつわりの言の意である。この箇所はいわばまとめであり、新奇を好み他人の耳目を驚かせようとする者に対する戒めでもあるが、それは順庵などの高名のものにも及んでいる。

それでは、このような議論の背景には何があるのだろうか。以下、その事情を考察してみよう。まず、文末に「文政十二年七月二日」とみえることに注目しなければならないだろう。このころ、水戸藩は継嗣問題の渦中にあり、特に五月ころから藩主斉脩(なりのぶ)が病に臥すに至って、にわかに弟敬三郎の藩主擁立運動が活発になったからである。すでに前年十二月に活堂は会沢正志斎との間で敬三郎擁立の意見を交わしていたが、九月下旬になると斉脩の病が悪化し、東湖等の南上の翌日となる十月四日に斉脩が歿した。十七日に敬三郎の藩主相続が認められ、活堂等の擁立運動は成功裏に終わったのであるが、この時活堂は江戸在住であった。

このような水戸藩始まって以来の困難に遭遇した時期とこの内容を見比べると、必ずしも無関係とは思われないのである。ここは呉の泰伯説に関するものであるが、これについては光圀以来水戸学派が否定してきたにもかかわらず、活堂の時代にも厳然としてこの説を信用する者が居たことが知られる。活堂はこの答文に漢籍等の典拠を示しつつ、否定論を展開した。この点、活堂にも祖述の主張がみられよう。泰伯始祖説の否定はいわば国史の始原に関する大問題であるから、藩祖の血統維持という藩の重大問題と密接な関係にあるとすることができよう。

この答文が二度目であることはすでにふれたが、活堂の主張は幽谷から師承したところであり、それは可澄の期待に応えたものと位置づけることができよう。

なお、活堂と交遊があった佐原の伊能穎則(いのうひでのり)は幕末の国学者として知られる人物であるが、その著古学論には『大日本史』にふれた記述がみられる。

さるは、そのころ、本朝通鑑といふ書つくれりし人、おほやけに奉りて、世の中にもおしひろめなん事をねがひいたししに、おもきつかさの御かたがたにも御らんして、よろしかるべく、すでにおきてさせ給ひなんとしたりけるを、この君、天つ日つぎのはじめを、呉の太伯が後といへりしたふれごとを、いみじうあさましとみそなはしたまひて、おしとどめさせたまひ、みづから大日本史といふいみじき史かかせたまひしこそ、人のこころのいにしへに立かへりて、すめらみかどを尊とみ奉るはじめにはありけれ。

文中の「この君」はいうまでもなく徳川光圀を指すが、穎則もまた否定の立場から『本朝通鑑』の泰伯始祖説に言及していることに留意しておこう。

五　林家（鵞峰・鳳岡）の泰伯論

明治以後にも泰伯論をめぐる問題は史学界で大きな関心を集めた。とりわけ『史学雑誌』において日下寛（くさかひろし）・木村正辞（まさこと）・栗田寛（ひろし）の諸氏の間で、また他誌ではあるが内藤耻叟（ちそう）氏も加わって論争が繰り広げられたが、以下水戸の碩学である栗田寛博士が示された史料を検討し、この議論を補ってみたいと思う。いうまでもなく、これらの議論の中心は『年山紀聞』の「神州恐委呉」の条に関するものであったが、実はこれについては松本純郎（すみお）氏がその著『水戸学の源流』に要点を整理されており、それに尽きるのである。

さて、栗田博士は明治二十九年（一八九六）発行の『史学雑誌』第七編第四号に「史学雑誌第七編第三号に載る日下寛氏の本朝通鑑の弁を読て聊か所見を述ぶ」という論説を発表されているが、この論文は題名からも窺えるように日下氏の論に対する反駁である。その論点は松本氏の前著に譲ることとして、ここでは引用の史料について検討することとしよう。

栗田博士は水戸学派に泰伯始祖説否定の思想が存することを主張されたが、林家の泰伯論に言及された際に、林鵞峰（羅山の子春斎）が子弟に策問（本来は天子が出題試問し、官吏を採用すること）を課し、その回答（対）の一部を紹介されている。

それは鵞峰が鳳岡（鵞峰の子）・人見友元・坂井伯元等に対して求めたものであり、十問からなる。この三名は鳳岡の兄春信とともに『本朝通鑑』の執筆に当った人物である。栗田博士によればこの時の論文一巻が彰考館の『文苑雑纂』に収められているところから、それは義公光圀が林家に邪説の存在することを聞き、何か思うことがあって記しおかれたのであろうという。

そして『神学弁疑』にも引かれているとして、策問の其一と其三を、その回答とともに掲げられている。いま直接に関連するのは其三であるから、それを引いてみよう。

　中華の書に、或いは曰く、本朝は泰伯の後と為すと。然れども、神武の馭寓するは周の恵王に当たる。則ち上は泰伯と距つること、三四百年為るべし。而るに本朝の開闢は神武より以前、天神地神七五の運、億万載に過ぐ。何ぞ泰伯の来るを待たんや。如何。

この策問はすでに紹介した安積澹泊の「寒川辰清の問に答ふ」にみえる問の一つであり、元来は

『鵞峰林学士文集』（元禄二年刊行）巻六十三に収める「三員長に諭す」という一文にみえている。その回答は次のようなものである。なお員長は林家の塾生の等級のことで、鵞峰の長男梅洞が左員長、人見が右員長、坂井が権左員長、鳳岡が権右員長であった（最上級の大員長は空席。梅洞は亡くなっていたので他を三員長と呼んだのであろう）。

対ふ云々。昔、本朝は神道を以て相伝す。故に厩戸皇子は旧事紀を作り、安麻呂は古事記を作る。皆附会するに怪誕の説を以てす。舎人親王の日本紀を作るに及びて、神武より其の年を紀し、七五の世を以て神代と為し之を別つ。亦後、神道家其の言を神妙ならんと欲す。而して泰伯の裔を以て説を為すを嫌ふ。故に其の実湮滅して伝はらず。伏して以みるに、中華の書の記す所は本朝の事と符する者多し。窃に聞く、伊勢の祭礼に三譲の事有りて其の礼は皆征船の着岸を象る。三譲の両字を以て太神宮に掲げ、且つ天照大神を以て姫大神と称すと。泰伯の姫姓を以て然るか。先輩、孔子桴に乗り海に浮かび、九夷に居らんと欲す。君子、之に居るは何の陋しきことか之有らん等の語を以て、之が証と為し、而して、本朝は泰伯の後なりと謂ふ。然らざれば、則ち何ぞ此の聖言有らんや。此等の事に拠り、之を併せ考ふれば則ち泰伯の後と為すこと必せり。

要するに神道の相伝はみな附会であり、『日本書紀』では神代と神武を分けているが、これを神道家は神妙とし、泰伯始祖説を嫌ってきた。だからその実態は湮滅して伝わらなかったのである。考えてみれば、中華（漢土）には我が国と符合することが多い。伊勢神宮には三譲の額が掲げられており、姫を天照大神となすのは泰伯の姫姓によるのではないか、として『論語』の一節を提示し、泰伯始祖論を肯定しているのである。

『論語』の一節は前段が公冶長篇に、後段が子罕篇にみえているが、もともと別個の句を合体させて都合よく証拠としたわけである。後段は『神皇正統記』巻二にもみえておりよく知られているが、「九夷」は東方の夷が九種類の意で、有徳の君子がそこに居るならばこれを徳化して礼儀の国にしてしまうので、何の賤しいことがあろうか、ということで、道が行なわれないことを歎いた一句である。また、桴を海に浮かべたことを東方を目指すと解し、泰伯が渡ってきたことの証しとしたわけである。ただ、この回答者を明らかにできないのであるが、吉田一徳博士の『大日本史紀伝志表撰者考』には鳳岡の回答が引用されているので（国書刊行会『本朝通鑑』首巻に収録の擬策問対策の其二答）、それを掲げてみよう。

> 本朝皇統は天七地五の神より伝はりて人皇に至る。馬子の紀、阿礼の口、舎人の書歴々……世、東海姫氏の国と称す。且つ流伝に三譲の両字を以て伊勢太神宮に掲ぐ。故に先輩、孔子桴に乗り海に浮かび、九夷に居らんと欲す。君子、之に居るは何の陋しきことか之有らん等の語を以て、之が証と為す。而して、本朝は泰伯の後なりと謂ふ。然らざれば、則ち何ぞ此の聖言有らんや。嗚呼、此の論、縦へ公議に非ずと雖も、豈に其れ謂れ無しと曰はんや。……之を按ずれば、則ち七五の際億万歳に過ぐる者は絶無の理と謂ふべきか。然れば則ち泰伯の後と称するは固より当れり。

これをみると、栗田博士が紹介された一文と内容的には全く同じ（要するに肯定論）であり、それどころか文字使いまで同一の箇所が確認できるのである。あるいは、栗田博士の紹介は鳳岡の回答かもしれず、伝来の間に差異が生じたものであろうか。

ところで、『論語』の一節に関して、森尚謙の『二十四論』に次のような箇所があるので、参考までに紹介しておこう。

> 姫周の世、伝ふること、永久と雖も、而も三十七代、八百七十年に止まる。我が皇統に及ばざるや遠し。蓋し惟(おも)ふに、天孫の徳、億年に格(いた)り、神明の化、兆民に光被す。心慮の及ぶ所にあらざるなり。仲尼槎(いかだ)に乗つて海に浮ばんと欲し、又九夷に居らんと欲すとは、蓋し我が邦を指すか。史に称する海上神仙の山は、我が山を指すか。

○

林鳳岡と鵞峰の門弟には泰伯始祖説が存在したことは明らかであろうが、それは林羅山から受け継いだものであることにも疑いがないであろう。それでは鵞峰自らはどのような思いを抱いていたのであろうか。「新刊東国通鑑の序」についてはすでにふれたが、ここでは「太伯」という一文を紹介しておきたいと思う。

この一文は『鵞峰林学士文集』巻五十八に収められており、鵞峰の泰伯観が如実に示されているが、叙述の形態は策問対（策問の答え）である。回答の主要な部分を掲げてみよう。

> 対ふ。臣謂らく、至れるかな、大なるかな。本朝は皇祚の窮り無きこと、豊聡蘇馬が筆、阿礼(あれ)安

麻呂が記す所、舎人皇子の精撰する所、以下の歴史考へて之を知るべし。鴻荒（こうこう）の事は置て論ぜず。瓊尊西州に降臨したまふより、神武奮発して東征以来今に至るまで百有余世、正統相伝へ古今一姓なり。中華の如き簒弑暴逆、世として之有らざることなし。豈に同年の談ならんや。天祖の神徳得て名づくべからず。これ至れるかな、大なるかな。

いわば序文であり、『旧事紀』『古事記』『日本書紀』などにより皇室が無窮であることが知られるが、神代のことはともかく天孫降臨以降、神武東征以来今日まで古今一姓で中華のようなことはなく、偉大であるとする。「豊聡蘇馬」は豊聡耳（とよとみみ）すなわち聖徳太子と蘇我馬子のこと、「鴻荒」は大昔、ここでは神代のことであろう。

本朝は皇祚の窮り無きことなり。然れども世に伝ふ、洛の東山の僧円月、潜（ひそか）に日本紀を修し、以て本朝は呉の泰伯の後なりと為すなり。晋書にしか云ふ。廷議肯（がえん）ぜずして、月を以て誣たりと為す。遂に其の書を焚（や）く。今按ずるに、月が言、必ずしも妖妄為らず。夫れ泰伯は逃れて荊蛮（けいばん）に到り、自ら勾呉と号す。呉の地は広大にして今の寧波府も亦其の地に在り。李唐、之を明州と謂ふ。古昔、遣唐使は皆其の岸に到りて彼の都に入る。明州は筑紫を去ること遠からず。風順に波穏やかなるときは則ち四五日にして至ると云ふ。

円月の泰伯始祖説にふれ、その梗概を述べているが、「月（円月のこと）が言、必ずしも妖妄為らず」とあるところからすれば始祖説に親近感を抱いていたことが窺える。

然らば則ち草昧（そうまい）の世に太伯、至徳を以て来りて此の国を化し、蒼生（そうせい）之を仰ぎ慕ひ、之を尊崇して、呼て霊神と為すか。焉ぞ知らん。大霊女貴と為さざることを。神武の即位は周の恵王の時に当り、文王を去ること殆ど二十世、霊貴より神武に至るまで六世、其の数中華と合はざると雖も、然も本朝の祖神多くは皆上寿を得たり。朝鮮檀君の久しく彭祖に過ぎたるが如きは、則ち開国の始めは長生の人無きと謂ふべからず。太伯を指して霊貴と為すは文王の伯父にして、孔子之を至徳と称す。豈に徒ならんや。且つ夫れ太伯の来る、以て薬を採るに託すときは、則ち世に蓬島は本朝に在りと謂ふ者も、亦之に拠るか。徐市、薬を覓めて来朝するは其れ太伯の迹を慕ふか。

語釈をしておこう。「蒼生」は人民・万民、「大霊女貴」や「霊貴」は天照大神のことである。「彭祖」は仙人の名、堯の臣下で、八百歳まで生き長寿の代表とされる。「蓬島」は蓬莱山のことで、仙人が住むという。「徐市」は徐福で、不老不死の薬を求めて我が国に来たというが、それを泰伯と結び付けているのである。

続いて、円月は我が国の僧侶の巨擘で、その名声は我が国のみならず他国にまで及んでいるとし、自分はその徒ではないが、その意を汲んで千歳の冤を弁じたいという。

ああ、我が邦は其れ神国なり。其の用ふる所の者は神道なり。神道は則ち王道、太伯は王道を以て民を化す。民は得て称すること無し。所謂、陰陽不測、之を神と謂ふ。故に其の政、之を神道と謂ふか。中古以来、浮屠行基・最澄・空海等邪説を以て人主を惑はし、神仏一体と称し、遂に伊勢の宗廟を以て大毘盧遮那と為す。其の余神祇皆曰く、諸仏の垂迹なりと。貴となく賎となく、彼の徒に欺かれて之を覚ること能はず。是に於いて宮廟は蘭若に変じ、神職は緇徒に混じ、卜祝祓除の詞は梵唄(ぼんばい)翻偈の声に雑じり、犠牲祭祀の供は伊蒲塞桑門の膳と成る。しかのみならず、上皇王子の貴、祝髪して寺に入り、和尚上人の老は庭を分て、抗礼釈教は日に盛んに、神道は日に衰ふ。痛ましいかな、哀しいかな。

ここでは我が国が神国であるにもかかわらず、中古以降は僧侶が邪説を以て人々を惑わし、神仏一体を主張して神道は諸仏の垂迹と化し、仏教は盛んとなる一方で神道は衰え、哀しい状態となっていると実例をあげていうのである。「蘭若」は寺院、「緇徒」は僧侶の意である。

そして、至徳の泰伯を祖神としないにもかかわらず、夷狄の仏教を祖神とすることを排除しないのは何故かとして、それが弁(反駁)を好むのではないが、そうするのもやむを得ないことであるという。

しかしながら、末尾には次のようにも綴っているのである。

或いは曰く、天地の大なる、中華及び匈奴・西域・鬼方(きほう)、古今、皆一姓ならず。我が国開闢以来一姓なり。至治の国に非ずやと。彼の勾呉、夫差に至りて嗤類(しょうるい)無きときは、則ち太伯は血食せず。縦ひ至徳と為すと雖も、文王の伯父と為すと雖も、我が皇統の久遠(くおん)には及ばず。宋の太宗、之を称歎する所以なり。是に由て之を観れば、我が邦上古の霊神、実に自ら在ること有らん。何ぞ彼を取らんや。

我が国の開闢以来の一姓に言及しつつ、至徳の泰伯といえども皇統の久遠には及ばないのであるから、どうして彼を取ることがあろうか、としつつも、一方では泰伯始祖説を弁護しているのである。「嗤類」は物を食べて生きているものの意である。

要するに、この「太伯」という一文には二律背反を含んでいるというべきであり、果たしてその論旨は納得に足るものであろうか。そこで、もう一度論の構成を確認してみよう。

①本朝の皇祚が窮まり無きことと共に神武以来の古今一姓を述べ讃える。

②円月が『日本紀』に泰伯始祖説を述べたが、それを朝廷は誣としてその書を焼いた。しかし、その説は必ずしも妖妄ではないとする。

③泰伯は逃れて荊蛮に至ったが、呉の地は遣唐使も到達したところであり、筑紫からも遠くはないとする。

④だから泰伯が至徳を以て我が国に来たり、人々が仰ぎ尊崇して霊神と為したのではないかとする。

⑤我が国の神武以来の世数と中華の世数が合わないが、祖神は長寿であり、長生の人が無かったとはいえない。

⑥徐福が薬を求めて来朝したのは泰伯の迹を慕ったからではないか。

⑦円月は博覧強記で、その名は異国に及んでいる。自分はその徒ではないが、彼のために千歳の冤を雪ごうと思う。

⑧我が国は神国であり、用いるところは神道であり、それは王道である。泰伯も王道によって民を教化した。

⑨中古以来、仏教者は神仏一体と称し、神道に仏教が混在して、神道は衰えた。

⑩それなのに至徳の泰伯を祖神とすることを欲せず、夷狄の仏教を祖神とするのを排斥しないのは

何故か。

⑪だから、自分は弁を好む者ではなく、やむを得ず弁じているのである。

⑫我が国は開闢以来一姓であるから、泰伯が至徳であっても文王の伯父であっても皇統の久遠には及ばない。故に、宋主もこれを称嘆したのである。

⑬我が国には上古の霊神が存在するのであるから、どうして彼(泰伯)を取ることがあろうか。

⑭古にはこの二つから君主の行なうところを選択せよ、という。聖問(将軍の下問)を受けたので謹んでお答えする、と結んでいる。

この「太伯」という一文が下問への回答であることはすでにふれたが、下問というのは将軍の下問のことである。それは、下問が「朕聞く」と書き出されていることからも明らかであるが、ここでの「朕」は将軍を指す。「朕」といい、「聖意」といい、「聖問」というのは鵞峰の立場を如実に示す語句ということになろう(栗田博士の先の引用にも「聖言」とみえている)。

下問には、我が国が霊神の国であるにもかかわらず、何故に泰伯を祖とするのか(A)。円月が『日本紀』に泰伯を祖神と為した時、天子が怒ってその書を焼いたというのは本当か(B)。また、伊勢内宮に三譲の額を掲げたのは誰が為したのか(C)、とあったことを想起すれば二律背反の理由もおのずと明らかになろう。

要するに、①と⑫は将軍の下問(将軍の意思)をふまえてのことであり、自らの主張とはいいがたい。②は(B)の回答となるが、(C)への具体的な回答はみられない。殆どは(A)の回答に関連するものであり、ここに鵞峰自らの見解を窺うことができる。具体的にいえば、③と④は泰伯の来朝を述べ、⑤と⑥はその補強であり、⑦は円月説の弁護であろう。⑧から⑪は⑧を前提にしていわゆる神仏混淆の実態からの泰伯始祖説弁護の具体的理由づけである。⑬では泰伯説不採用を述べ（先にふれた『本朝通鑑』前編の跋と同じであるが、恐らくそれは将軍への配慮であろう）、⑭がこの一文の成立の根拠である。

これらをまとめれば、泰伯始祖説にはそれなりの根拠があり、仏教を重視するがゆえに神道が衰え、泰伯を重視しないことへの不満の口吻である一方で（これが鵞峰の本心であろう）、我が国は開闢以来の一姓であるから泰伯始祖説は採らないというのである。ただ「鴻荒の事」は論じないとはいいつつも、神武以前に及ぶのは矛盾であろう。

いずれにしても、このようにみてくれば鵞峰の主張は羅山の「神武天皇論」を承けたものであり、さらに策問十条として子弟に問い、その回答は羅山・鵞峰の思いを継承したものであったことが十分に納得されるのである。しかも、それは『本朝通鑑』に泰伯始祖説がみえない理由を明らかにすることとなり、『年山打聞』の「神州恐委呉」の条の成立背景をなすものであろう。

要するに林家の泰伯始祖論は私的なものであるから（これが本心）、公的には表明しないということであろう。したがって『本朝通鑑』に表明されなかったのは事実ということになろう（先に「神武天皇論」の意訳を述べたが、その傍線部を参照されたい）。

最後に『大日本史』の記述にふれておこう。『大日本史』は紀伝体の史書であるから本紀冒頭の「神武天皇紀」が対象となる。これまでに述べてきたところからも窺えるように、泰伯説の片鱗さえみることはできないことは当然であろう。「神武天皇紀」は『古事記』『日本書紀』『古語拾遺』等によって記述し、いわゆる神勅を引用するところから始まるのである。それは『論賛』に「神武、神聖の烈を承け……天日嗣を定めて、遂に人皇の祖となる……三器を奉安して、以て万世の基を開く」とみえることと併せて泰伯論に対する水戸学の明確な回答ということができよう。

参考文献

○全体にかかわるもの

『水戸義公伝記逸話集』
『水戸義公全集』
『年山紀聞』（日本随筆大成第二期）
『茨城県史料・近世思想編』
『参考太平記』第一・第二（国書刊行会）
菊池謙二郎『水戸学論藪』
松本純郎『水戸学の源流』
吉田一徳『大日本史紀伝志表撰者考』
名越時正『水戸学の研究』『新版水戸光圀』『水戸光圀とその餘光』
宮田正彦『水戸光圀の『梅里先生碑』』
安見隆雄『水戸光圀と京都』
梶山孝夫『水戸派国学の研究』『大日本史の史眼―その構成と叙述―』『義公漫筆』

○Ⅰ部にかかわるもの

高橋貞一『太平記諸本の研究』
但野正弘『新版佐々介三郎宗淳』『水戸史学の各論的研究』
大平和典『日本後紀の研究』
藤森馨『大倉山論集』三七収録「湯島聖堂旧蔵徳川光圀献上本の所在確認と装訂―結び綴の意義―」
梶山孝夫『神道史研究』第五十一巻第三・四合併号収録「鹿島文庫について―その意義と水戸との関係―」

○Ⅱ部にかかわるもの

『水戸学大系』
『文苑遺談』(日本儒林叢書)
『事実文編』第二
名越時正監修『水戸史學先賢傳』
名越時正『水戸學の達成と展開』
梶山孝夫『藝林』第六十五巻第一号収録「近世思想史と『神皇正統記』」

○Ⅲ部にかかわるもの

『幽谷全集』
『新定東湖全集』
『神皇正統記』(日本思想叢書・日本古典文学大系)
『水戸学』『中世禅家の思想』(日本思想大系)
『神道集成』(神道大系)
『鵞峰林学士文集』上下(近世儒家文集集成第十二巻)
『田中卓著作集』9

『水戸市史』中巻(一)
清水正健『増補水戸の文籍』
中山広司『近世日本学の研究』
堀井純二『『大日本史』本紀の『日本書紀』研究』
蔭木英雄『中世禅者の軌跡』
堀勇雄『林羅山』
揖斐高『江戸幕府と儒学者』
梶山孝夫『水戸の国学者　吉田活堂』
平泉澄『藝林』第五十一巻第二号収録「日本思想史昭和十四年度講義ノート」
村尾次郎『建武』第五巻第五号収録「呉太伯説研究」
花見朔巳『本邦史学史論叢』収録「本朝通鑑考」
木下英明『茨城県立歴史館報』第二十二号収録「朱舜水と大日本史編纂について」
保科尚参『水戸史学』第二十八号収録「年山紀聞所収義公太伯論議に対する訛伝論を排す」
秋山一実『水戸史学』第四十七号収録「熊沢蕃山と水戸学」
澤大洋『東海大学政治経済学部紀要』第三十一号収録「近世儒学政治思想の成立」
孫容成「中巌円月の思想と文学」(大手前大学博士論文)

あとがき

本書は私のブログに掲載した「水戸学の話」の一部を整理して一書としたものである。「水戸学の話」の構想は水戸学の総合的把握を試みようとしたものであり、始原、史家（義公光圀）、史書、史家（史臣）と書き綴ってきたが、眼の病が生じたため中断している。中断がいつまで続くか予想できないこともあって中途ではあるが、まとめておこうと思い至った結果が本書の成立の理由である。

先に『義公漫筆』を刊行したが、本書はその姉妹編といってもよい。本音をいえば本書が本編であり先著は外編としてよいのであるが、義公光圀の本質を歴史家という視点から捉え直して光圀と史臣、それは光圀時代のみならず後世に至る史臣をも考察の対象としようとしたのである。ただ、憧憬や教育に関する言及も含めて課題が残されていることは認めねばならない。

このような本書ではあっても先学の業績や水戸史学会及び関係各機関には大変お世話になった。とりわけ丸山可澄の「泰伯論」に関しては久野勝弥氏（水戸史学会副会長）のご教示によるところが頗る大きい。また校正校閲で渡邉拓世氏（水戸史学会理事）にお世話になった。併せて深謝の意を表する。最後に本書を錦正社叢書の一冊に加えていただいた中藤正道社長はじめ同社の皆様に御礼申し上げたいと思う。

令和四年七月

梶山孝夫

著者略歴

梶山孝夫（かじやまたかお）

昭和26年　茨城県生
大学卒業後茨城県内の私立学校に奉職、平成24年3月退職
現在　水戸史学会理事
　　　温故学会顧問
　　　博士（文学）

主要著書　新版佐久良東雄歌集（錦正社）
　　　　　水戸の國學――吉田活堂を中心として――（錦正社）
　　　　　水戸派国学の研究（臨川書店）
　　　　　大日本史と扶桑拾葉集（錦正社）
　　　　　現代水戸学論批判（錦正社）
　　　　　大日本史の史眼――その構成と叙述――（錦正社）
　　　　　若き日の藤田幽谷――その学問形成――（錦正社）
　　　　　藤田幽谷のものがたりⅠ～Ⅲ（錦正社）
　　　　　安積澹泊のものがたり（錦正社）
　　　　　水戸の国学者　吉田活堂（錦正社）
　　　　　金沢八景と金沢文庫（錦正社）
　　　　　義公漫筆（錦正社）

〈錦正社叢書12〉歴史家としての徳川光圀（れきしかとしてのとくがわみつくに）

令和四年八月二十日　印刷
令和四年八月三十日　発行

※定価は裏表紙などに表示してあります。

著　者　梶山孝夫
発行者　中藤正道
発行所　株式会社　錦正社
〒一六二―〇〇四一
東京都新宿区早稲田鶴巻町五四四―六
電　話　〇三（五二六一）二八九一
ＦＡＸ　〇三（五二六一）二八九二
ＵＲＬ　https://kinseisha.jp/
印刷所　株式会社文昇堂
製本所　株式会社ブロケード

ISBN978-4-7646-0148-2